中华精神家园

节庆习俗

九九踏秋

重阳节俗与登高赏菊

肖东发 主编　李　勇 编著

中国出版集团

现代出版社

图书在版编目（CIP）数据

九九踏秋 / 李勇编著. — 北京：现代出版社，
2014.7（2020.01重印）
ISBN 978-7-5143-2439-6

Ⅰ. ①九… Ⅱ. ①李… Ⅲ. ①节日－风俗习惯－中国
－通俗读物 Ⅳ. ①K892.1-49

中国版本图书馆CIP数据核字(2014)第165209号

九九踏秋：重阳节俗与登高赏菊

总 策 划：陈　恕
主　　编：肖东发
作　　者：李　勇
责任编辑：王敬一
出版发行：现代出版社
通信地址：北京市定安门外安华里504号
邮政编码：100011
电　　话：010-64267325　64245264（传真）
网　　址：www.1980xd.com
电子邮箱：xiandai@cnpitc.com.cn
印　　刷：山东省东营市新华印刷厂
开　　本：710mm×1000mm　1/16
印　　张：11
版　　次：2015年4月第1版　　2020年1月第3次印刷
书　　号：ISBN 978-7-5143-2439-6
定　　价：40.00元

党的十八大报告指出："文化是民族的血脉，是人民的精神家园。全面建成小康社会，实现中华民族伟大复兴，必须推动社会主义文化大发展大繁荣，兴起社会主义文化建设新高潮，提高国家文化软实力，发挥文化引领风尚、教育人民、服务社会、推动发展的作用。"

我国经过改革开放的历程，推进了民族振兴、国家富强、人民幸福的中国梦，推进了伟大复兴的历史进程。文化是立国之根，实现中国梦也是我国文化实现伟大复兴的过程，并最终体现为文化的发展繁荣。习近平指出，博大精深的中国优秀传统文化是我们在世界文化激荡中站稳脚跟的根基。中华文化源远流长，积淀着中华民族最深层的精神追求，代表着中华民族独特的精神标识，为中华民族生生不息、发展壮大提供了丰厚滋养。我们要认识中华文化的独特创造、价值理念、鲜明特色，增强文化自信和价值自信。

如今，我们正处在改革开放攻坚和经济发展的转型时期，面对世界各国形形色色的文化现象，面对各种眼花缭乱的现代传媒，我们要坚持文化自信，古为今用、洋为中用、推陈出新，有鉴别地加以对待，有扬弃地予以继承，传承和升华中华优秀传统文化，发展中国特色社会主义文化，增强国家文化软实力。

浩浩历史长河，熊熊文明薪火，中华文化源远流长，滚滚黄河、滔滔长江，是最直接的源头，这两大文化浪涛经过千百年冲刷洗礼和不断交流、融合以及沉淀，最终形成了求同存异、兼收并蓄的辉煌灿烂的中华文明，也是世界上唯一绵延不绝而从没中断的古老文化，并始终充满了生机与活力。

中华文化曾是东方文化摇篮，也是推动世界文明不断前行的动力之一。早在500年前，中华文化的四大发明催生了欧洲文艺复兴运动和地理大发现。中国四大发明先后传到西方，对于促进西方工业社会的形成和发展，曾起到了重要作用。

中华文化的力量，已经深深熔铸到我们的生命力、创造力和凝聚力中，是我们民族的基因。中华民族的精神，也已深深植根于绵延数千年的优秀文化传统之中，是我们的精神家园。

　　总之，中华文化博大精深，是中国各族人民五千年来创造、传承下来的物质文明和精神文明的总和，其内容包罗万象，浩若星汉，具有很强的文化纵深，蕴含丰富宝藏。我们要实现中华文化伟大复兴，首先要站在传统文化前沿，薪火相传，一脉相承，弘扬和发展五千年来优秀的、光明的、先进的、科学的、文明的和自豪的文化现象，融合古今中外一切文化精华，构建具有中国特色的现代民族文化，向世界和未来展示中华民族的文化力量、文化价值、文化形态与文化风采。

　　为此，在有关专家指导下，我们收集整理了大量古今资料和最新研究成果，特别编撰了本套大型书系。主要包括独具特色的语言文字、浩如烟海的文化典籍、名扬世界的科技工艺、异彩纷呈的文学艺术、充满智慧的中国哲学、完备而深刻的伦理道德、古风古韵的建筑遗存、深具内涵的自然名胜、悠久传承的历史文明，还有各具特色又相互交融的地域文化和民族文化等，充分显示了中华民族的厚重文化底蕴和强大民族凝聚力，具有极强的系统性、广博性和规模性。

　　本套书系的特点是全景展现，纵横捭阖，内容采取讲故事的方式进行叙述，语言通俗，明白晓畅，图文并茂，形象直观，古风古韵，格调高雅，具有很强的可读性、欣赏性、知识性和延伸性，能够让广大读者全面接触和感受中国文化的丰富内涵，增强中华儿女民族自尊心和文化自豪感，并能很好继承和弘扬中国文化，创造未来中国特色的先进民族文化。

　　　　　　　　　　　　　　　　　　　青长收

　　　　　　　　　　　　　　　　　　　2014年4月18日

岁月印记——节流衍化

千古传承——习俗演变

共襄盛举——重阳杂俗

农历九月初九，为我国的传统节日重阳节。因为《周易》中把"六"定为阴数，把"九"定为阳数，九月初九，日月并阳，两九相重，故而叫重阳，也叫"重九"。重阳节又名"登高节""菊花节""茱萸节""老人节"等。

重阳节是杂糅多种民俗为一体而形成的我国传统节日。庆祝重阳节的活动一般包括出游赏景、登高远眺、观赏菊花、遍插茱萸、吃重阳糕、饮菊花酒等活动。

因为九与"久"同音，在数字中又是最大数，有长久长寿的含义。因此，重阳佳节，寓意深远，人们对此佳节历来有着特殊的感情。

节流衍化

先民们崇拜火神以祈福求寿

　　传说在上古时期的农耕社会，每年农历的九月，农事已经基本完毕，这时的华夏先民往往把丰年庆典和祭神祀祖等活动安排在这个月进行。

■ 祭祀祈福

■ 原始人用火

据我国最早的古代百科全书《吕氏春秋·季秋纪》记载，在农历九月农作物丰收之时，先民们有飨天帝、祭恩祖的活动。这一习俗发展到战国时期，逐渐被条令化和典章化了。

由于这是一种丰年庆祝活动，所以农历九月庆典习俗明显带有饮酒狂欢的色彩和特点，有着大量娱乐内容，如祭神、飨帝、田猎、野宴等。

直至原始社会时期，社会生产力特别低，人们对火和火神非常崇拜。因为有了火，才使人类与动物界彻底分开，从而吃上了熟食，火在促进人类的发展上，起着至关重要的作用，对于人类的社会生产活动有着重大的影响。

火的应用，使先民们较早地认识了它的功用以及和自身的利害关系，从而对火产生了敬畏之心，并当作神灵加以崇拜。

《吕氏春秋》是一部古代类百科全书似的传世巨著，有8览、6论、12纪，共20多万言。由战国末年秦国丞相吕不韦组织属下门客们集体编撰的杂家即儒、法、道等的著作，吕不韦自己认为其中包括了天地万物古往今来的事理，所以号称《吕氏春秋》，又名《吕览》。

■ 原始人生火烧饭

颛顼（前2514—前2437），相传为上古五帝之一。据《山海经》载系黄帝子昌意的后裔，号高阳氏。颛顼是上古时期华夏族与东夷族融合的部族首领，颛顼禁绝巫教、逼令九黎族顺从黄帝族的教化。促进了族与族之间的融合。

为了表达对火神的尊敬和爱戴，人们把天上最亮的心、宿二星看做是火神的化身，称其为"大火星"，并把它当作热冷季节转换的标志。后来，人们通过观察大火星出没的位置，来确定季节的转换。

公元前3000年左右的颛顼时代，专门设立了"火正"的官职，掌管民事并观测大火星的运行规律。

颛顼去世后，帝喾即位，任命重黎任火正一职。重黎用火来教化民众，德被四方，对改善民众生活做出了巨大贡献，重黎被称为能够"光融天下"。重黎去世后，帝喾封他为火官之神。后来民间称他为"火神祝融"。

祝融居住在南方的尽头衡山，他传下火种，教人们用火的方法，祝融指挥自己的子孙刀耕火种，点燃火把，驱散了漫长黑夜，烧熟食物，结束了茹毛饮血的时代。

祝融还是一个音乐家，他经常在高山上奏起悠扬动听、感人肺腑的乐曲，名为"九天"，使黎民百姓精神振奋，情绪高昂，对生活充满热爱。

祝融以后，火正一职就专门负责观测大火星。通过观察人们发现，每年的农历九月，大火星逐渐隐退，寒冷逐渐来临，此时妖魔横行，因为食物不足，许多人都会在严寒中死去，所以古人称之为"阳九之厄"。所以，东晋葛洪所著的《西京杂记》云："三月上巳，九月重阳，仕女游戏，就此袚禊登高。"

在巫术盛行的时代，人们习惯于创造一些带有象征性的习俗，以达到避邪消厄的目的。其中，最便于流传的是佩俗和食俗，而这正是后世重阳节诸多食俗和佩俗的源头。这些祭祀活动，成为我国社会农耕文明的重要组成部分。

阅读链接

我国最早的农事历书《夏小正》称"九月内火"，意即农历九月时大火星要休眠。大火星的退隐，不仅使一向以大火星为季节生产与季节生活标志的古人失去了时间的参照，同时使那些视大火奉若神明的先人们产生了莫名的恐惧，他们认为火神的休眠意味着漫漫长冬的到来。

为了表达对火神的喜爱、尊敬，并祈求火神早日重回人间，驱走长冬的寒冷，给人们带来光明和热量，先人们在农历九月"内火"时举办各种仪式来祭奠火神，辟邪消厄，祈求保佑。参加祭祀的人们用敲打木棒、石块和吟诵悼念之词等多种古老的方式来祭祀火神。

这种火神崇拜与祭祀仪式，成为后来求长生、辟灾邪等习俗的主要来源。因此，有人把重阳节也称作死亡节，把它和三月三复活节联系在一起，相互之间存在着对应的关系，构成了一组特定的节日系统。

升仙信仰转而化成登高习俗

自盘古开天辟地以来，虽然天和地相距九万里，但是人们还是可以沿着天梯一步一步登天，天上的神仙也可以由天梯下到人间。

直至颛顼帝时，他觉得神和人不分出界限，可以相互往来，弊多利少，于是命重、黎两人把天地间的通路隔断，叫人上不了天，叫神也不能再随便下到人间。

颛顼画像

重和黎遵命行事，一个把天托起来，尽力往上推。一个把地按住，努力朝下压。这样一来，本来相隔还不是特别远的天地，从此就相隔遥远了。天地分开之后，颛顼就命令天神重专门管理天，而命令天神黎专门管理地。绝地天通之后，虽然天上的神还可以通过法力下凡，但地上的人却再也没有办法上天去了。

于是，在整个上古时期人们就一直认为昆仑山是天地相通的物质通道。在道家的论文集《淮南子·地形训》中谈到昆仑山以及其上的一系列神奇之所：

昆仑之丘，或上倍之，是谓凉风之山，登之而不死；或上倍之，是谓悬圃，登之乃灵，能使风雨；或上倍之，乃维上天，登之乃神，是谓太帝之居。

■ 重阳节登高

先民们认为，这里的昆仑山俨然是一条"上天的阶梯"。通过昆仑、凉风之山、悬圃和天，就能够达到"太帝之居"，他们能够长生不死，能够呼风唤雨而成神。

后来的先民们仍然坚信通天道路的存在。认为世间一定有一种途径能够达到天界，人在能够满足一定条件的情况下就能通过一条神秘的通道登天成仙。

为了寻找这种机缘，寻求通天升仙的道路，人们在九月时登高祭天，希望能够接近天神，让天神听到祈求升天的声音。

在我国断代史《汉书·明仪》中就记载有通天台

淮南子 又名《淮南鸿烈》《刘安子》，是我国西汉时期创作的一部论文集，西汉淮南王刘安等编写。全书把道、阴阳、墨、法和儒家思想糅合起来，书中的医学、地理、风情、神话等内容，值得我们探讨研究，其中最为著名的如鲧禹治水、共工怒触不周山、塞翁失马等。

古人祭祖祈福

的传说：

> 通天台高三十丈，望云雨采在其下，去长安三百里，望见长安城。黄帝以来祭天圆丘处。武帝祭天，上通天台，舞八岁童女三百人。置祀祠，招仙人，祭天已，令人升通天台以候天神。

也有以树为天梯的，《山海经》记载：

> 有木，其状如牛。引之有皮，若璎，黄蛇。其叶如罗，其实如栾，其木若蕌。

由此可见，为通天升仙而登高应该是先民的重要习俗或原始信仰。

上古时期 一般指文字记载出现以前的历史时代。上古是三古之一，是较早的古代。我国历史上多指夏商周秦汉这个时期，有时亦兼指史前时代。上古时代没有直接的文字记载，因而那个时候发生的事件或人物一般无法直接考证，这些事件和人物也往往带有神话色彩。

直至先秦时期，人们农历九月登高的目的有了变化。那时的人们认为天地间的阴阳二气交合才能化生万物，有万物才能产生男女、夫妇、父子、君臣、上下、礼仪，万物离开天地就无法生存，天地是产生万物的根源，所以古人非常尊崇天地，敬重礼拜天地，形成了按节气定期祭祖天地的礼仪制度。

上古时期，原始先民们最早登高是为了通天升仙，九月初九这一天，清气上扬、浊气下沉，地势越高，清气聚集得越多，登临高处自然就可以乘清气而升天。但这在事实上是不可能的，于是求仙、升天便转为祈寿。使得祈寿求福成为农历九月初九节日的一个重要主题。

也有古人认为"九为老阳，阳极必变"，农历九月初九，月、日均为老阳之数，不吉利，而敬拜山神则能使人免除灾害，因而最初的登高应该源于古代人们对山神的崇拜，在重阳节前往山上游玩，还要祭拜山神以辟不祥、求长寿，后来才逐渐转化成为一种娱乐活动。

这些祭祀活动，相沿成习，九月的祭祀活动就固定了下来，逐渐形成了一个传统的节日。

阅读链接

古人将山岳神化而加以崇拜。从山神的称谓上看山神崇拜极为复杂，各种鬼怪精灵皆依附于山。最终，各种鬼怪精灵的名称及差异分界都消失了，或者你中有我，我中有你而互相融合了。演变成了当时每一地区的主要山峰皆有人格化了的山神居住。

虞舜时即有"望于山川，遍于群神"的祭制，传说舜曾巡祭泰山、衡山、华山和恒山。

历代天子封禅祭天地，也要对山神进行大祭。祭山时大多把玉石和玉器埋于地下，也有用"投"和"悬"的祭法，所以人们在重阳之际祭拜山神的时候，往往会将祭品如鸡、羊、猪或玉石等投入山谷或悬在树梢。

九月庆典固定在九月初九

　　商朝末期，西伯侯姬昌创作了我国古代哲学书籍《周易》。在《周易》中把"六"定为阴数，把"九"定为阳数，以数术推算天地万物的变化，预测人的吉凶祸福。三之数代表乾，六之数代表坤，两项结合为九之数，则代表乾坤，即天地万物。

　　九数老阳，为最高阳数，或称阳之极，是标志事物向反方向变化发展的起点。而农历九月初九，正是两个最高阳数之重合，故称"重阳"，也叫重九，意味着在这一天天地万物将要发生重大的变化。

古代祭祀壁画

　　因为《周易》这种解释的流行，使在先秦时期流传已久的九月丰年各种

■ 竹简书《易经》

庆典和祭祀活动有了一个固定的日期，即农历九月初九这一天。

后来我国古代百科全书类著作《吕氏春秋》之中的《季秋纪》记载：

> 九月命家宰，农事备收，举五种之要。藏帝籍之收于神仓，祇敬必饬。是日也，大飨帝，尝牺牲，告备于天子。

可见当时已有在农历九月农作物丰收之时祭飨天帝、祭祖，以谢天帝、祖先恩德的活动，用以感谢天地赐予的丰收。

战国时期，楚国著名诗人屈原《远游》里写道：

> 集重阳入帝宫兮，造旬始而观清都。

《周易》 我国最古老的文献之一，并被儒家尊为"五经"之首，属于上古三大奇书《黄帝内经》《易经》《山海经》。《周易》以一套符号系统来描述状态的变易，表现了我国古典文化的哲学和宇宙观。它的中心思想，是以阴阳交替的变化描述世间万物的变化。

古代女子采茱萸图

这里首次出现了"重阳"一词，但是在当时重阳还不是一个节日。

此时，在重阳有了佩茱萸的习俗，这个习俗起源于吴楚。当时，实力弱小的吴国每年必须向强邻楚国进贡，其中有一年派出使者，将本国特产吴茱作为药材献给楚王。楚王不识吴茱为何物，反认为是吴国在戏弄他，于是大发雷霆，并把吴国使者赶了出去。

楚王身边有位姓朱的大夫，问吴国使者惹怒楚王原因。使者说，吴茱乃吴国上等药材，有温中止痛、降逆止吐之功效，善治胃寒腹痛、吐泻不止等症。因素闻楚王有胃寒腹痛的痼疾，故而献之。朱大夫听罢，就把吴茱收下，并精心保管起来。

次年，楚王旧病复发，腹痛如刀绞，群医束手无策。朱大夫见时机已到，取出吴茱煎熬后献给楚王服下，片刻后楚王的肚子就不痛了，楚王大喜，重赏朱大夫，并询问药的由来。朱大夫便把吴国使者献药之事一一叙述。楚王听后，非常懊悔，一面派人携带礼品向吴王道歉，一面命人广植吴茱。

又过了几年，楚国瘟疫流行，腹痛病人遍布各地，全靠吴茱挽救了成千上万百姓的性命。楚国百姓为感谢朱大夫的救命之恩，便把吴萸改称吴茱萸。

后来，楚地的人们，把茱萸的药用功能神秘化，并把茱萸看作是能够辟邪除魔的神物，而用作装饰物或随身佩戴。屈原在《离骚》中写道：

椒专佞以慢慆兮，
樧又欲充夫佩帏。

■ 重阳日佩茱萸图

吴茱萸一是花房艳丽，给人以很强的视觉上的美感；二是香味浓烈，是很好的提神植物；三是具有药用价值，我国传统医药理论认为它有治寒驱毒的功效。茱萸叶可治霍乱，根可以杀虫。茱萸有微毒，有除虫作用，制茱萸囊的风俗正是由此而来。

与此同时，大多数人已经在开始关注菊花了。最早的菊花记载见于《周官》和《埤雅》。《礼记·月令篇》：

季秋之月，鞠有黄华。

这是说，菊花开放的时间是每年的秋末，农历九月份，所以菊花也叫"秋花"。菊花的"菊"字，在古代是"穷、尽"的意思，是说一年之中花事到此结束，菊花的名字就是按照它的花期来确定的。

我国第一部诗歌总集《诗经》和屈原的浪漫主义

大夫 古代官名。西周以后先秦诸侯国中，在国君之下有卿、大夫、士三级。大夫世袭，有封地。后世遂以大夫为一般任官职之称。秦汉以后，中央要职有御史大夫，备顾问者有谏大夫、中大夫、光禄大夫等。至唐宋尚有御史大夫及谏议大夫之官，至明清废。

的政治抒情诗《离骚》中都有菊花的记载。屈原在《离骚》中写道：

朝饮木兰之坠露兮，夕餐秋菊之落英。

在《惜诵》中屈原还说种香菊的目的是待到春天干粮用，明白地写出以菊花糕作养生的食物。

播江离与滋菊兮，愿春日以为糗芳。

在《东皇太一》一诗中，屈原还写道：

奠桂酒兮椒浆。

椒浆就是茱萸酒，与桂花酒一起祭奠东皇太一神。此时人们已经意识到菊花的妙用，并食菊花来表达不与世俗同流合污的高尚气节。

阅读链接

《周礼》记载，君王四季田猎，分别称作春搜、夏苗、秋狝、冬狩，作为礼仪的田猎被后来的统治者沿袭了下来。我国古代第一部典章制度书籍《礼记·月令》里也记载着古代帝王九月狩猎练武的制度。

在战国之前，狩猎是军事大典，为练兵的综合演习。有一年，赵国在边境上集结了大批的军队。魏王以为是赵军要进攻魏国，便要调兵遣将以为防备。

魏公子无忌的情报灵通，得知是赵王狩猎，这才免去了一场惊慌。一个诸侯王的狩猎就和打仗一样，说明了其规模之大，随着军事战术的变化，狩猎不再作为阅军的大典，而变成为重阳节骑马练兵、讲武习射的节日。

食俗和佩俗在民间的传播

直至西汉初期，重阳节进一步融合了多种民俗因素及神秘观念，逐渐确定了避邪求寿和秋季狂欢的节日内涵，过节的形式也逐渐确定为登高、宴饮、吃糕、赏菊和佩戴茱萸。

后来，这些食俗和佩俗得到流传，并由宫廷传入了民间，逐渐地节日化和世俗化，变成了大众性的节日。

西汉的开国皇帝汉高祖刘邦的老家在江苏沛县，原为楚国地区，受楚风俗影响很深，因而对过重阳节的习俗很熟悉、也很是喜爱。

古代地理书籍《三辅黄图》记载，每年农历九月初九，汉高

■ 重阳节赏菊图

费长房 汝南人。传说从壶公入山学仙，未成辞归。能医重病，鞭笞百鬼，驱使社公。与其相关的成语有"悬壶济世""壶中天地"等，是重阳起源传说中的一位神仙。

祖刘邦和宠妾戚夫人在长安宫里，边饮菊花酒边下棋，有说法是：

胜者终年有福，负者终年疾病，取丝缕就北斗星辰求长命乃免。

后来，戚夫人的贴身侍女贾佩兰出宫后，把宫中重阳节习俗带到了民间，重阳节逐渐成了一个全国性的节日。

《西京杂记》中记还记载了宫人贾佩兰的话：

九月初九佩茱萸食蓬饵，饮菊花酒，令人长寿。

■ 桂菊山禽图

后来的《长安志》记载，汉代京城长安郊外有一小高台，每年的农历九月初九，人们登高台游玩观景。

到了东汉，各地流传着许多重阳节的民间传说，明确记载重阳节的具体时间和各种习俗。

传说在东汉时期，河南汝河两岸突发瘟疫，百姓死者十居八九。人们纷纷传说，在汝河里住着一个瘟魔，每年都会出来传播瘟疫，危害人间。

汝南有个人名叫桓景，他决心替乡民除害，他打听到东南山中住了一个叫费长房的神仙，他就毅然决定前去拜访。

桓景翻越了千山万水，历尽千辛万苦，终于找到费长房的仙居，他恭恭敬敬地在门口跪了两天两夜。到了第三天，大门忽然开了，一个白发老人笑眯眯地对他说："我已知道你为民除害心切，快跟我进院吧！"

仙人费长房就给了桓景一把降妖青龙剑，并让他练习降妖的法门。

有一天，桓景正在练剑，费长房走过来对他说："今年九月九，汝河瘟魔又要出来害人。你赶紧回乡为民除害，我给你茱萸叶子一包，菊花酒一瓶，让你家乡父老登高避祸。"说完，仙人就用手招来一只仙鹤，把桓景载送回了汝南。

农历九月初九那天，桓景带着全村老少登上了附近的一座山，还把茱萸叶子分给每人一片，让瘟魔不敢近前。他又把菊花酒倒出来，让每人喝一口以避瘟疫。待一切安排妥当后，桓景带着降妖青龙剑回到村中等着斩杀瘟魔。

不一会儿，只见汝河里狂风怒吼，瘟魔果然出水走上岸来。瘟魔四处搜索，发现人们都在山上欢聚，就冲到山下，却被酒气及茱萸的香味吓得不敢上前了。

瘟魔一回头，又看见桓景抽出宝剑与它怒目而视。桓景和瘟魔斗

■ 古人登高图

韩信（约前231—前196），西汉开国功臣，我国历史上杰出的军事家，与萧何、张良并列为汉初三杰。韩信是我国军事思想"谋战"派代表人物，被萧何誉为"国士无双"，刘邦评价为："战必胜，攻必取，吾不如韩信。""功高无二，略不世出"是当时人们对他的评价。被后人奉为"兵仙""战神"。

了几个回合，瘟魔斗不过桓景，于是转身就跑。桓景"嗖"的一声抛出宝剑，宝剑闪着寒光，一眨眼就把瘟魔钉死在了地上。

从此，汝河两岸的百姓，再也不受瘟疫的侵袭了。人们便把农历九月初九登高避祸的习俗，一代代地传了下来，这才逐渐形成了后来的重阳节。

在楚汉战争时，还有一个风筝的传说故事。

相传在公元前203年至公元前202年间，是楚汉相争对峙的最后阶段，汉兵先包围楚营，汉将张良借大雾迷蒙之机，从南山之隐放起丝制的大风鸢，并让吹箫童子卧伏其上，吹奏楚歌，同时命汉军在四面唱起楚歌，使楚营官兵思乡心切，不战而散，楚王项羽也自刎于乌江边，留下了张良"吹散楚王八千子弟兵"的传说。风鸢就是后来的风筝。据《诚斋杂记》载：

韩信约陈豨从中起，乃作纸鸢放之，以量未央宫远近，欲穿地入宫中。

鸢产生于战争之中，用于战争之时，它随着我国丝织业和造纸的发明，不断演变、发展。

在历史上，风筝的用途曾经有过多次的转换，其最初的功能据说是用于军事，许多历史资料中都曾提到：汉将韩信曾将风筝放飞到空中，根据风筝的放飞线长度来计算到未央宫的距离之事。

而南北朝时"羊车儿献策作纸鸢"，讲的是这样一则故事。据说南朝萧梁时，侯景叛乱，包围了京都建康，攻入了外城，皇帝百官都被困于台城内，与援军音讯隔绝。

这时"有羊车儿献策作纸鸢"，在几十个风筝上题写求援信，借西北风放将出去。风筝上写明，有人拾到风筝并送给援军，可以得到100两银子的报酬。梁太子萧纲亲自带人把风筝放了出去。这也是后世中秋节放纸鸢风俗的雏形。

阅读链接

古时菊花酒，是头年重阳节时专为第二年重阳节酿制。农历九月初九这天，采下初开的菊花和一点青翠的枝叶，掺和在准备酿酒的粮食中，然后一齐用来酿酒，第二年农历九月初九饮用。

传说喝了这种酒，可以延年益寿。从医学角度看，菊花酒可以明目、治头昏、降血压，有减肥、轻身、补肝气、安肠胃、利血之妙。

时逢佳节，清秋气爽，菊花盛开，窗前篱下，片片金黄。除登高插茱萸外，亲友们三五相邀，同饮菊酒，共赏黄花，确实别有一番情趣。尤其是诗人们，赏菊饮酒，吟诗唱酬，给后世留下不少佳句。

东汉重阳公主的美丽传说

■ 登高图

东汉安帝年间，宫中的李娘娘身怀六甲，但是却遭到以东宫太后为首的迫害，不得已拖着怀孕的身子离开了皇宫。李娘娘一路上东躲西藏，终于到了洛阳以西、伏牛山以南的重阳店，隐姓埋名，过起了平淡的生活。

不久以后，李娘娘就生下了一个水灵可爱的女儿，因为这一天正逢农历九月初九，所以李娘娘给孩子取名为重阳女。

李娘娘历尽艰辛，终于把重阳女养大成人，这期间日子虽然过得清苦，但是却也其乐融融。谁料天有不测风云，人有旦夕祸福，突然而来的

■ 登高图

一场大瘟疫打破了她们孤儿寡母清贫宁静的生活，李娘娘和村里的百姓都未能幸免。

身患重病的李娘娘在临终前，将重阳女叫到自己的床榻旁，把自己的身世一五一十地全部告诉了重阳女，并把安帝赠送给自己的玉佩传给了女儿，让她找机会讨回公道。李娘娘还没有把话说完，就去世了。

安葬了母亲之后，重阳女到处拜师学艺，立志要斩除这天下所有的瘟魔，为母亲洗清冤屈。

有一位道人被她的精神所感动，就精心传授给了重阳女一套剑法，并说这天下的瘟魔不外乎有4个弱点，一是怕红色，二是怕酒气，三是怕刺激气味，四就是怕高声了。并让重阳女在来年农历九月初九瘟魔重现时见机行事，为民除害。

此后，重阳女就安心待在道人这里，潜心研究和练习剑法，技艺日益精湛，看得道人连连点头。

身怀六甲 古称女子怀孕为身怀六甲。传说中甲子、甲寅、甲辰、甲午、甲申、甲戌6个甲日，是上天创造万物的日子，也是妇女最易受孕的日子，故称女子怀孕为身怀六甲。六十年里面有六个带甲的年份，六甲又代表六十年。怀孕叫身怀六甲喻意着孕妇肚中孕育着一个新的生命。

第二年农历九月初九这天，重阳女根据道人的吩咐，组织附近的百姓登上云彩山。她让女的头上插上红茱萸，茱萸果为红色，叶子散发出一种怪味，让男的喝菊花酒。重阳女还告诉大家，瘟魔一出现就齐声高喊：

　　　　铲除瘟魔，天下太平。

　　瘟魔见到红色，闻到酒气和怪味，听到阵阵喊声，吓得缩成一团。重阳女见机会来了，举剑便刺，但是瘟魔毕竟道行很深，很轻松就躲过去了。

　　重阳女见势，一面组织人们高声呐喊，一面重新对瘟魔发起了进攻。瘟魔被人们的声音震得一阵阵心慌，一不小心，就被重阳女刺死了，从此重阳店一带的百姓就安居乐业和健康长寿了。

　　这件事一传十十传百，成了人们争相传说的奇事。这件事情传到京城，传到了皇帝的耳朵里，安帝很好奇，就派官员到重阳店视察，官员见到重阳女和玉佩，了解情况后，就报告了安帝。

安帝于是召重阳女进京相见，安帝看着玉佩听完重阳女的诉说，父女俩拥抱大哭了一场。后来，安帝决定彻查此事，查明了真相，还李娘娘一个公道。后来，安帝还专门为李娘娘修了娘娘庙，并封重阳女为重阳公主。

安帝要留重阳女在宫中，重阳公主以母亲葬在重阳店逢节要去祭奠为由，执意要回到重阳店生活。安帝看重阳公主去意已决，并念在她一片孝心的份上，点头同意了。

从此以后，每年的农历九月初九前后，重阳公主都要带上菊花、茱萸和菊花酒、茱萸酒回京城一次，孝敬父王，顺便也把当地登高、赏菊、喝菊花酒、插茱萸等民俗传入了宫中。

就这样，重阳公主生在重阳，长在重阳，又在重阳结婚、生子、去世。当地人们为了纪念重阳公主，就在她去世后修了重阳道观，并且在每年的重阳节前

■ 禹之鼎画《王原祁艺菊图卷》

玉佩 玉在我国的文明史上有着特殊的地位。孔子说"玉之美，有如君子之德。"他认为玉具有仁、智、义、礼、乐、忠、信、天、地、德、道等君子的品节。古人的很多生活器具都是玉雕成的，能常戴在身上的唯有玉佩。古人对玉佩的热爱不是因为玉的贵重，而是源于玉的品格，所以古语有"君子无故，玉不去身"。

佩茱萸图

九九踏秋

重阳节俗与登高赏菊

来祭拜，希望能够得到重阳公主的庇佑。

这个时期也出现了关于在农历九月初九吃糕的记录。记载汉代宫廷杂事的《西京杂记》也说，汉代时已有农历九月初九吃蓬饵之俗，即最初的重阳糕。

东汉后期叙述一年例行农事活动的专著《齐人月令》中也说：

重阳之日必以糕酒登高眺远，为时宴之游赏，以畅秋志。酒必采茱萸甘菊以泛之，既醉而还。

东汉学者应劭的叙写古代风俗和鬼神崇拜的著作《风俗演义》中记载：在河南的南阳郦县，有一个叫作甘谷的村庄。谷中水甜美，山上长着许多很大的菊花。一股山泉从山上菊花丛中流过，花瓣散落水中，使水含有菊花的清香。

村子里30多户的人家世世代代都饮用山泉水，说也奇怪，这个村子中的人们，一般都会活到130岁，最低的也有80岁。

在《西京杂记》也记载，汉时皇宫中每到重阳节都要饮菊花酒，说是"令人长寿"。书中还记载了菊花酒的酿造方法和奇妙的功效。说是要在菊花初放时连叶一起采下来，和黍米捣在一起酿酒，到了第二年的农历九月初九才吃。

据说在汉代一个叫作胡广的太尉，患有严重的风湿病，经常疼痛得无法下榻，经过很多医生的诊治就是没有一点好转。后来，在友人的推荐下，胡广开始喝菊花水，没想到，他的这个顽疾竟然慢慢地好转了，后来竟然完全治愈了。

还有一个人叫司空王畅对菊花兴趣更浓厚，他不但吃菊花，就连洗脸洗澡都用菊花泡过的水。当时河南南阳郦县特产的菊花就是由他们提倡并传到其他地方去的。

月令 上古时期一种文章体裁，按照十二个月的时令，记述朝廷的祭祀礼仪、职务、法令、禁令，并把它们归纳在五行相生的系统中，月令以四时为总纲、十二月为细目，以时记述天文历法、自然物候、物理时空，王者以此来安排生产生活的政令，故名"月令"。

应劭（约153—196），东汉学者，字仲瑗，一生著作丰富，有驳议三十篇，又制定律令为汉之仪礼。关于礼制方面的主要著作有《汉书官礼仪故事》《律略》《春秋断狱》《状人纪》《中汉辑序》等。

阅读链接

重阳酒又称"贵宾酒"，亦称"吉祥酒"。

重阳酒是苗族人和仡佬山乡农家最喜欢的传统饮料，是孝敬长辈、招待贵宾的上等饮品，故称"贵宾酒"。

重阳酒，源远流长，历史悠久，晋代《抱朴子》记载，饮九九之重阳能延年益寿，直到明清，重阳酒仍是盛行的健身饮料，是重阳必饮之酒，据传记，喝重阳酒具有祛风避邪、祛灾祈福的神效，所以又称"吉祥酒"。

重阳定名和登高的盛行

　　在魏晋的时候，登高作为一项每年必备的活动，日期已专定在农历九月初九。

　　"重阳节"名称也开始在历史记载中出现，魏文帝曹丕曾经给他的好朋友钟繇写了一封谈菊花的信《九日与钟繇书》，信中写道：

登高图

岁往月来，忽复九月初九。九为阳数，而日月并应，俗嘉其名，以为宜于长久，故以享宴高会。

从曹丕这段话里，可以看出来当时的人们不但知道重阳节，而且认为重阳是重九，是"宜于长久"。"九九"与"久久"同音，含"久久长寿"之意。

曹丕还在信中说，派人送给钟繇一束菊花，因为在秋天万木凋谢的时节，只有菊花茂盛地生长，可见它有些天地的真气，是人可以延年益寿的好东西，因此送来供他研究长生的道理。

晋代名医陶弘景也赞成人们吃菊花。并说，真菊花味甜，假菊花味苦。

曹丕在信中确认了农历九月初九重阳节的名称的由来"俗嘉其名"，并写出了重阳节的最重要的习俗登高在当时已经相当普遍。

我国古代专门记录楚地岁时节令风物故事的笔记体文集《荆楚岁时记》说，当时的农历九月初九，士农工商各行业的人都到郊外登高，设宴饮酒。

东晋著名诗人谢灵运为了登高的方便，还自制了一种前后装有铁齿的木屐，上山时去掉前齿，下山时去掉后齿，人称"谢公屐"。

■ 菊花图

曹丕（187—226），曹操之子，曹魏的开国皇帝，擅长五言诗，与其父曹操和弟曹植，并称三曹，存《魏文帝集》二卷。另外，曹丕著有《典论》，当中的《论文》是我国文学史上第一部有系统的文学批评专论作品。

■ 赏菊图

在晋朝时，有一年过重阳节，大将军桓温照例率领幕僚到湖北江陵的龙山登高，饮酒赏菊吃九黄饼，他的参军、东晋名士、著名文学家陶渊明的外祖父孟嘉也在其中。

龙山又称八岭山，因其山势宛若游龙而得名。正在众人畅饮的时候，一阵风吹来，吹落了孟嘉的帽子，他却浑然不知，依然风度翩翩。

桓温看到后凑趣命幕僚作文戏弄孟嘉。桓温当时曾吟诗：

桓温 字元子，谯国龙亢人，东晋杰出军事家、权臣，谯国桓氏代表人物。桓温谥号宣武。其子桓玄建立桓楚后，追尊为"楚宣武皇帝"。

今朝龙山行，苍天眼为凭。
参军落乌纱，不关大将军。

谁知孟嘉不假思索，即席对答，出口成章，孟嘉也回吟了一首：

孟嘉 字万年，东晋时著名文人，东晋大诗人陶渊明的外祖父。最有名的故事是"龙山落帽"，成了一个历史典故，流传不衰。

今朝龙山饮，玉液醉人心。
秋菊遍地是，乌壳值几斤？

在座的人无不惊佩孟嘉才思敏捷和气质不凡。于是，孟嘉被视为气度宽宏、风流倜傥、潇洒儒雅之士。从此"龙山落帽"的故事随即成为"登高寻故事，载酒访幽人"的重阳佳话而广泛流传，龙山上的落帽台也随之名扬天下。

落帽台坐落在龙山的制高点上，站在落帽台的台上极目远眺，一面是连绵起伏的八岭山，一面是一马平川的农田以及泛着粼粼波光的湖水，这是登高赏景的极佳之处。

正是因为如此，在东晋以后，几乎所有到荆州的文人墨客、谪官过客，都要登临其上，吟诗作赋，使得落帽台一时声名鹊起。

每年的重阳节，金秋送爽、丹桂飘香、风霜高洁，宜登高望远，赏菊赋诗，故又叫登高节。

这一天登高的人们，呼朋唤友，观赏红叶野花之余，聚餐畅饮，吟诗作赋，其乐融融。登高远望，风清云淡，天高气爽，让人目不暇接，心旷神怡。

在陕西关中流传着这样一个故事。

很久以前，有个庄户人家住在骊山下，全家人都很勤快，日子过得也不错。

有一天天快黑了，这家主人看到一个算卦先生还没有找到住处，就把他领到自

古人登高图

岁月印记

节流衍化

■ 登高图

己家里，让算卦先生睡在炕上，而自己的妻子儿女都在草铺上睡。

第二天天刚亮，庄户人又让妻子给先生做了一顿好吃的饭菜，装了一袋白蒸馍。

算卦先生走之前，看了看庄户人住的地方，随后叮咛他说：

到了九月九，全家高处走。

风水 "风" 就是元气，"水" 就是流动和变化。"风水" 本为相地之术，即临场校察地理的方法，也叫地相，古称堪舆术，相传风水的创始人是九天玄女，比较完善的风水学问起源于战国时代。是我国历史悠久的、独特的一门玄术。

庄户人想，我们家里人平日没做过啥亏心事，我又不想升官，上高处走啥呢？

但心里又一想，人常说算卦先生会看风水，精通天文，说不定我住的地方会出啥麻烦。九月初九，就到高处走一走吧，权当让全家人看看风景。

到了九月初九，庄户人就带着妻子儿女，背上花糕香酒，登上骊山高峰去游玩。

就在庄户人一家离开不久，半山腰里突然冒出一股泉水，把整个一条山沟都泡了。庄户人家这才明白算卦先生为什么让他们全家在九月初九登高。

这事传开后，人们就每逢农历九月初九，扶老携幼去登高。如果是居住在平原地区的百姓，附近无山可登，就在自制的米粉糕点上插上一面彩色的小三角旗，以示登高(糕)，有辟邪之意。习俗相传，就成了重阳节登高的习俗。

阅读链接

菊花是我国十大名花之一，也是开封、太原市花，在我国有3000多年的栽培历史，菊花约在明末清初传入其他国家。

我国人极爱菊花，从宋朝起民间就有一年一度的菊花盛会。历代的诗人画家，以菊花为题材吟诗作画众多，因而历代歌颂菊花的大量文学艺术作品和艺菊经验，给人们留下了许多名谱佳作，并将源远流长。

在我国古典文学中，将梅、兰、竹、菊合称为四君子。而在古神话传说中，菊花则被赋予了吉祥、长寿的含义。

重阳糕和饮菊花酒形成定制

　　农历九月初九吃重阳糕的习俗在东晋也大为流传。重阳糕之文化意义着重在"糕"字上，即借此谐音以及制糕之各种作料的谐音，表现呈祥纳福的祝吉之意。在民间，九月吃糕还有驱邪除妖之意。

　　到南朝时，重阳糕多用米粉、果料等做原料，制法因地而异，主

糕点小吃

要有烙、蒸两种，糕上插五色小彩旗，夹馅并印双羊，取"重阳"的意思。制成的重阳糕，香甜可口，人人爱吃。

　　在重阳节里吃重阳糕，也有在九月黍谷成熟时，蒸做糕点一类的食品祭祀先人并荐神尝新之义。

南北朝时民间有童谣称：

■ 手工制作糕点

七月刈禾伤早，九月吃糕正好。

可见在九月里吃糕的习俗由来已久，只是到了南北朝时，随着重阳节习俗的流行才演变为该节日的专有食品。

重阳糕又称花糕、菊糕或五色糕，制无定法，较为随意，有糙花糕、细花糕和金钱花糕。粘些香菜叶以为标志，然后在中间夹上青果、小枣、核桃仁之类的糙干果。

细花糕有两层、三层不等，每层中间都夹有较细的蜜饯干果，如苹果脯、桃脯、杏脯、乌枣之类。金钱花糕与细花糕基本同样，但个儿小如同金钱一般。

最简单的重阳糕，只是在家用发面饼夹上枣、栗

童谣 是指传唱于儿童之口的、没有乐谱、音节和谐简短的歌谣。是为儿童作的短诗，强调格律和韵脚，通常以口头形式流传。许多童谣都是根据古代仪式中的惯用语逐渐加工流传而来，或是以较晚一些的历史事件为题材加工而成。旧时认为童谣能预示世运或人事。

■ 花糕

曲连 又称炕曲连、眼曲连。青海风味面食。中间挖有圆孔的蒸或烙熟的大面饼。中心用碗扣出一个圆孔，在蒸笼中蒸熟，或在锅里或在鏊里烙烤熟。

杜康 相传为夏代的第五位国君，母亲为有仍氏人。杜康是我国粮食酿酒的鼻祖，后作为美酒代称。是我国古代传说中的"酿酒始祖"。

诸果的，或以江米、黄米面蒸成黏糕饼即可。

而讲究的重阳糕要做成九层，像座宝塔，上面还做成两只小羊，以符合重阳之义。有的还在重阳糕上插一小红纸旗，并点蜡烛灯。这大概是用点灯、吃糕代替登高、用小红纸旗代替茱萸的意思。

有诗描述重阳糕的制作：

篝火鸣机夜作忙，织工一饮登高酒。

依然风雨古重阳，蒸出枣糕满店香。

在当时的陕北一带的民间，重阳糕还有"花糕""要糕""曲连"等不同的名称。

糕一般是圆形或椭圆形，由底向上三至五层乃至七层，逐渐升高。糕者谐音高，步步高升之意。每层周围都涂制花朵，糕顶更是百花盛开，争奇斗艳。这样的花馍就叫作"花糕"。

"曲连"是烙制成的糕，花样多，如玉环、镰刀、斧头等，曲曲弯弯连接在一起，所以叫作曲连。花糕和曲连的送法，首先是一个大型的花糕或曲连，再配带几个小花糕或小曲连。送双不送单，一般有一个儿女的，送2至4个小花糕或曲连。有两个儿女的，送4至8个小花糕或曲连。

小花糕名为"要糕"，是送给小孩玩耍的食品。如果是新出嫁的女儿，在未生下儿女以前，一般只送大花糕，而不送"要糕"。

魏晋以后，重阳节的习俗有了很大发展。东晋笔记小说集《西京杂记》写道：

九月初九佩茱萸，饮菊花酒令人长寿。相传自古，莫知其由。

可见，当时的人们在重阳节里就普遍有了佩茱萸、饮菊花酒的习俗了。菊花酒在上古时期就被认为是重阳必饮、祛灾祈福的"吉祥

■青花瓷菊花酒

■ 酒具

司马昱 （320—372），字道万。晋元帝少子，庙号太宗，谥号简文皇帝。被崇德太后和桓温立为皇帝。著有文集五卷，《隋书经籍志》一卷。

葛洪 （284—341），东晋著名的道教领袖、著名炼丹家、医药学家，世称小仙翁。著有《神仙传》《抱朴子》《肘后备急方》《西京杂记》等。

酒"了。

重阳节喝菊花酒习俗的起源，一说是起于上古，由杜康创造；另一说是起于汉初，源自宫廷。但不论何种说法，将菊花和酒紧密联系，并赋予文化内涵、影响深远的是晋代的陶渊明，那时候就有了酿造菊花酒的记载，《西京杂记》载称：

菊花舒时，并采茎叶，杂黍米酿之，至来年九月初九始熟，就饮焉，故谓之菊花酒。

梁简文帝司马昱的《采菊篇》中则有"相呼提筐采菊珠，朝起露湿沾罗襦"之句，也是介绍采菊酿酒的方法的。

后来的菊花酒由菊花与糯米、酒曲酿制而成的酒，古称"长寿酒"，其味清凉甜美，有养肝、明目、延缓衰老等功效。有枸杞菊花酒，花糕菊花酒，还有白菊花酒等。

菊花酒还有养生延年的作用。

《西京杂记》还记载，汉高祖时，宫中：

九月初九佩茱萸，食蓬饵，饮菊花酒。云令人长寿。

可见在西汉初期，人们就发现菊花酒有养生延年功效。

到了东晋时，由于当时道教盛行，人们把寻求长寿、永生当作风尚。

当时的道教名家、著名炼丹家、医药学家葛洪在《抱朴子》中记载，河南南阳山中人家，因饮了遍生菊花的甘谷水而延年益寿的事。

到了陶渊明时，更是在《九日闲居》诗中提到：

酒能祛百虑，菊解制颓龄。

■ 菊花酒

后来，南朝梁关均撰写的《续齐谐记》中记载了菊花酒的妙用：

九月初九……，饮菊酒，祸可消。

《荆楚岁时记》载称：

九月初九，佩茱萸，食蓬饵，饮菊花酒，令长寿。

可见此时已正式把饮菊花酒作

■ 菊花图

为庆祝重阳节的必备习俗。后来饮菊花酒逐渐成了民间的一种风俗习惯，尤其是在重阳时节，更要饮菊花酒。

菊花也叫黄花、九花、长寿花、延龄客，属菊科，品种繁多。菊花是我国的传统名花，它秀美多姿，虽然不以娇艳姿色取媚，却以素雅坚贞取胜。

人们爱它的清秀神韵，更爱它那凌霜盛开的一身傲骨。菊花更是长寿之花，人们更爱她在"霜降之时，唯此草盛茂"的强盛生命力。

每年农历九月，正是赏菊好时节。因为菊花与重阳关系密切，因此重阳节又称菊花节，而农历九月又叫菊月。赏菊也就成了重阳习俗的重要组成部分。

重阳节赏菊习俗，相传始于东晋文学家、田园诗人陶渊明，他一生酷爱菊花，以菊为伴，号称"菊友"，被人们奉为"九月花神"。

陶渊明种菊，既食用又观赏。每逢秋日，当菊花盛开的时候，附近的乡亲、远处的朋友，常到他家做客赏菊。他就摊煎饼、烧菊花茶款待亲朋，大家走时采菊相送：

今日送走西方客，明日又迎东方朋。

来赏菊的人们川流不息，常使他不能按时去田园耕作。他常想，要是能让菊花一日开，客人一天来，那该多好啊！

后来，他灌园浇菊时，自语祝愿道：

菊花如我心，
九月初九开；
客人知我意，
重阳一同来。

说来奇怪，到农历九月初九那天，含苞欲放的菊花争奇斗艳地一齐盛开了，客人们也都在那天来了。

亲朋诗友笑逐颜开，望着五彩缤纷、芳香四溢的满园菊花，吟诗作词，令人心醉，都夸菊有情，不负陶公心。亲朋好友相约，年年重阳一日来赏菊，重阳赏菊的习俗便由此形成。

有关陶渊明还有一段"白衣送酒"的佳话。

■ 洋菊图

从菊图

说是有一年重阳节，陶渊明在东篱下赏菊，抚琴吟唱，忽而酒兴大发。由于没有备酒过节，他只好漫步菊丛，采摘了一大束菊花，坐在屋旁惆怅。

然而，就在这时，他看见一个白衣使者向他走来，一问才知此人是江州刺史王弘派来送酒的。

王弘喜欢结交天下名士，曾多次给陶渊明送酒。陶渊明大喜，立即开坛畅饮，酒酣而诗兴起，吟出了《九日闲居》这一首名诗，"白衣送酒"遂成千古佳话。

阅读链接

居住在我国南方的彝族、白族、侗族、畲族、布依族、土家族和仫佬族等少数民族同胞也有在农历九月初九过节，并吃糕饼一类黏性食品的习惯，但是由于地域和文化的不同，各个民族相关的风俗、风物和传说却各有不同，并有不同的特色。

如在贵州锦屏、剑河和天柱一带生活的侗族人民，过重阳节的时候都要打糯米粑来吃。而在湘西土家族的节日打糯米粑，则有辟恶禳灾之意。

定为节日及墨客的诗情画意

李白登高饮酒图

在唐以前，重阳节的过节形式和过节的习俗等都只在民间流传，并没有得到正式的确认。

到了唐代，大臣黎泌奏请皇帝批准，以中和、上巳、重九三天为三令节，节日活动与东汉以来的风俗相同，重阳节开始成为一种普天同庆的重大节日。

每年的这一天，上自皇帝，下及庶民，都要参加节日活动。

过重阳节时百官都要放

假休息，"宜任文武百僚择地追赏为乐"，朝廷还加以赏赐，足见当时重阳节地位的重要。也正是当时官方正式确定，大大促进了节日的发展，重阳诗大兴，重阳节就风行起来了。

唐朝重阳节的兴盛反映在蔚为壮观的、堪称"千古绝唱"的诗作中，还有无数的诗人，像满天的星斗一般。唐诗写重阳的题材非常广泛。有叙写重阳风俗故事的，有借重阳怀古的，有抒怀思念亲朋好友的，种类繁多，不一而足。

表现重阳节习俗的诗写得最简洁的是诗仙李白的《九月十日》：

■ 古人登高图

昨日登高罢，今朝更举觞。
菊花何太苦，遭此两重阳。

短短4句20字，登高、举觞、赏菊，三件事都写到了。唐人以九月十日为"小重阳"，故李白有"两重阳"之说。

也有借重阳的习俗表现无聊的心情的，写得最绝妙的是岑参的《行军九日思长安故园》：

强欲登高去，无人送酒来。
遥怜故园菊，应傍战场开。

岑参（约715—770），唐代著名的边塞诗人。其诗歌富有浪漫主义的特色，气势雄伟，想象丰富，色彩瑰丽，热情奔放，尤其擅长七言歌行。存诗403首，70多首边塞诗，另有《感旧赋》一篇，《招北客文》一篇，墓铭两篇。

想登高而实未能登，想喝酒而无人来送，想赏菊而菊花远在故乡。三件习俗都写了，却一件也没如愿，郁闷失落之情油然而生。

重阳诗写得最苦的是杜甫的《九日》：

> 重阳独酌杯中酒，抱病起登江上台。
> 竹叶于人既无分，菊花从此不须开！
> 殊方日落玄猿哭，旧国霜前白雁来。
> 弟妹萧条各何在？干戈衰谢两相催。

重阳诗写得最洒脱、爽快的应属杜牧的《九日齐山登高》：

> 江涵秋影雁初飞，与客携壶上翠微。
> 尘世难逢开口笑，菊花须插满头归。
> 但将酩酊酬佳节，不用登临恨落晖。
> 古往今来只如此，牛山何必独沾衣？

随着重阳节被官方正式确定，大大促进了节日的发展。当时的过节活动主要有三项，一是登高，一是赏菊采菊，一是饮菊花酒，有的地方习俗还佩戴茱萸。而登高更成为宫廷和民间的节日盛事。

每逢重阳佳节，唐朝的宫廷有登高的习俗。顾禄《清嘉录》记述唐代

李白（701—762），字太白，号青莲居士，唐朝著名的诗人，有"诗仙"之称，伟大的浪漫主义诗人。其诗歌有"笔落惊风雨，诗成泣鬼神"之美誉，豪迈奔放，清新飘逸，想象丰富，意境奇妙，语言奇妙，浪漫主义，立意清晰。李白与诗圣杜甫并称为"大李杜"。

■ 李白登高图

重阳登高图

以前的宫廷登高之举：

孟嘉从桓温游龙
山，亦九日登高之举。
后遂相承为故事。

《全唐诗话》中说道：
"唐中宗临渭山登高。"

《唐诗纪事》也说，
709年九月初九，唐中宗李
显临幸渭亭登高，令臣下
赋同题四韵五言一首，先
成者赏，后成者罚。

与宫廷的登高相对，民
间登高之举也很盛行，尤
其文人墨客更是热衷。

"登山则情满于山"，
登高望远，目力所及之
处，自然会引发登高者的
悠悠情思。

恰逢重阳佳节，更是思
乡、怀人、一抒胸臆的最
佳时节。因而，唐诗中登
高抒怀似乎成为诗人们一
个重要传统。

唐代文学家，初唐四杰

九九踏秋

重阳节俗与登高赏菊

之一的大诗人陈子昂登上幽
州台：

前不见古人，
后不见来者。
念天地之悠悠，
独怆然而涕下。

■ 登高论道图

还有一个有关重阳节的
文人故事发生在初唐诗人王
勃身上。

据《唐朝野史》记载，
王勃13岁那年重阳节的前一天，他到海南探望父亲，
路遇一老翁，说南昌都督阎公邀客作《滕王阁序》，
要王勃也去共襄盛举，成一世之名。

在老翁的一席清风帮助下，王勃一天就赶了700
里的路程，赶上了滕王阁的聚会。

这天，滕王阁高朋满座，才俊辈出。都督阎公本
想要露一露他女婿吴子章的才气，却故意让别人先
来。没想到小小王勃毫不犹豫地接过纸笔。都督心下
颇为不满，忙派人看王勃怎么写。

开始的几句道来，阎都督觉得毫无新意，接着报
来的好些，但也"不过如此"，等到"落霞与孤鹜齐
飞，秋水共长天一色"写出来时，都督拍案叫绝，王
勃也由此声震文坛。

唐代有大量的诗文描绘重阳节，抒发对重阳佳节

《滕王阁序》
唐王勃作。滕王
阁在江西南昌赣
江滨，唐高祖之
子滕王李元婴任
洪州都督时始
建，后阎伯屿为
洪州牧，宴群僚
于阁上，王勃省
父过此，即席而
作。文中铺叙滕
王阁一带形势景
色和宴会盛况，
抒发作者"无路
请缨"之感慨。
对仗工整，言语
华丽。

■ 登高图

的感怀。著名诗人王勃在《九日》诗中写道：

九日重阳节，开门有菊花。

不知来送酒，若个是陶家。

唐朝以山水田园诗著称的大诗人孟浩然在《九日》里说道：

司功参军 古代官名，即司功参军事。掌官员、考课、祭祀、礼乐、学校、选举、表疏、医筮、考课、丧葬等事。《隋书》、两《唐书》记此官名。"参军"下有"事"字，《通典》《通考》无"事"字。

初九未成旬，重阳即此晨。

登高闻古事，载酒访幽人。

落帽恣欢饮，授衣同试新。

茱萸正可佩，折取寄情亲。

同一时期的大诗人杜甫758年在华州任司功参军

时，到蓝田而作《九日蓝田崔氏庄》：

老去悲秋强自宽，兴来今日尽君欢。
羞将短发还吹帽，笑倩旁人为正冠。
蓝水远从千涧落，玉山高并两峰寒。
明年此会知谁健，醉把茱萸仔细看。

李白更是倾慕南朝的谢灵运，在名作《梦游天姥吟留别》中写道：

脚着谢公屐，身登青云梯。

作者在如同仙境一般的天姥山上倾吐心中郁闷，展现自己傲岸不屈的风采。

著名的医学家和药物学家孙思邈在《千金月令》中写道：

重阳之日，必以肴酒登高眺远，为时宴之游。赏菊以畅秋志。

唐代诗人王缙在《九日作》诗中这样写登高：

谢灵运（385—433），著名山水诗人，主要创作活动在刘宋时代，我国文学史上山水诗派的开创者。由谢灵运始，山水诗乃成我国文学史上的一大流派，最著名的是《山居赋》。也是见诸史册的第一位大旅行家。

■ 登高图

东篱赏菊图

莫将边地比京都，

八月严霜草已枯。

今日登高樽酒里，

不知能有菊花无。

　　唐代诗人杨衡《九日》一诗中写道：

黄花紫菊傍篱落，

摘菊泛酒爱芳新。

不堪今日望乡意，

强插茱萸随众人。

　　后来的诗人们也在重阳登高诗歌的创作中，不断注入新的情感，使登高作品的内容更加丰富，情感更加多元，从而赋予它更为深厚的文化内涵。

　　直至唐代，饮菊花酒当然更加常见，唐朝在重阳节饮菊花酒风俗非常普遍。一壶琼浆，倒尽人世惆怅离舍，一盏醴乐，留恋山水寄情欢歌。若是入梦醉亦欢，哪得梦醒空笑颜，尘世哀乐，悲欢离合，一个"酒"字，怎能诉说！

饮酒想起诗，赋诗想起酒。酒与诗好像是孪生兄弟，结下了不解之缘。千百年来，流传至今的赞酒诗篇不计其数，但其中脍炙人口的名篇多出自唐宋。唐代诗酒豪放激昂、宋代词酒含蓄婉约，酒与诗词达到了最完美的契合。

唐代白居易《禁中九日对菊花酒忆元九》诗中描述在唐朝宫廷九月初九赐菊花酒给群臣饮的盛况。

这首诗写道：

赐酒盈杯谁共持，宫花满把独相思。

相思只傍花边立，尽日吟君咏菊诗。

唐朝另外一位诗人卢纶也有《九日奉陪侍中宴后亭》诗：

玉壶倾菊酒，一顾得淹留。

彩笔征枚叟，花筵舞莫愁。

管弦能驻景，松桂不停秋。

为谢莲蒿辈，如何霜霰稠。

■登高饮酒图

登高图

晚唐诗人黄滔也有一首《九日》诗：

阳数重时阴数残，露浓风硬欲成寒。

莫言黄菊花开晚，独占樽前一目欢。

从唐诗中可以看出，菊花酒在我国酒文化中占有重要的一席之地，成为人们明志抒相聚饮的一种独特的形式。

阅读链接

自从唐代以后，菊花虽常见于诗文，但在一般的百姓中间，菊花还不是很被重视的。

从流传下来的唐诗里看来，当时菊花已经有黄色的、紫色的和白色的几种，种类还不是很多的。菊花只是被一些诗人用来寄托怀抱，还未成为多数人欣赏的花种。

菊花品类的培植，大概是唐宋之间开始的。明朝栽菊技术又进一步提高，菊花品种又有所增加，菊谱也多了起来。如黄省曾、马伯州、周履臣、高濂、乐休园等人都著有《菊话》。

重阳节在我国已经有了2000多年的历史。可是"重阳节"名称见于记载却是在三国时代。

魏晋时期有了赏菊、饮酒的习俗。唐朝时，重阳节被定为正式节日。从此以后，宫廷、民间一起庆祝重阳节，并且在节日期间进行各种各样的活动。

直至明代，九月重阳，皇宫上下要一起吃花糕庆祝，皇帝要亲自到万岁山登高，以畅秋志。至清代，这种风俗依旧盛，并被人们一代代完整地传承了下来，并焕发出越来越强劲的生机。

千古传承

习俗演变

红霜凝剪练金露落
寒苔狄夜吟诗爱青
橙酒一杯
丁酉腊月既望做南田师笔
兰陵张同鲁

从纸鸢变为风筝的发展演变

　　唐朝的安定和繁荣，成为我国古代文化经济全面发展的时期。社会的安定、文化经济的发展，带来了传统节日的盛行。

　　而节日的盛行促进了各种文化娱乐活动的发展，作为一直被用于军事上的纸鸢，随着传统节日清明的兴起，用途上有了新的转折，开始向民间娱乐型转化。

古代风筝

　　唐代以前，风鸢一直是战争时通信和侦探的重要工具，并能带上"火药"用作战争进攻的武器。

　　唐初时，纸鸢还有作为通信工具的作用，用来传递军事情报。唐代史书《新唐书》记载，781

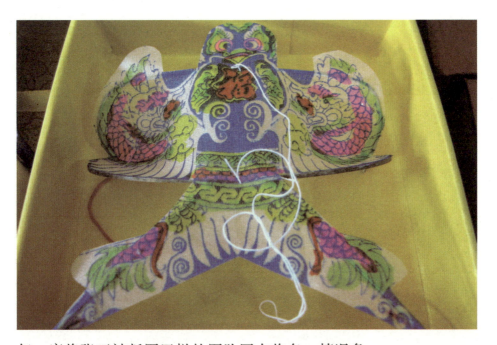

年，唐将张丕被叛军田悦的军队困在临名，情况危急，张丕"急以纸为风鸢"，其上书有"三日不解，临名士且为悦食"之言，风鸢升空后：

■ 纱燕风筝

　　高百丈，过悦营上，田悦命善射者射之，竟不能及。

　　求救书终于用纸鸢送达援军，因而解围。小说《大唐狄公案》中也有狄仁杰用纸鸢传递军事文件的描述。

　　后来，纸鸢逐渐演变成为人们的一种玩具，重阳节放风筝逐渐转化为一种娱乐形式，不论在宫廷还是民间都相当普遍，人们都对纸鸢表现出浓厚的兴趣，唐玄宗李隆基就曾在山东蓬莱观看"八仙过海"纸鸢的放飞。

　　《新唐书》北宋时期宋祁、欧阳修等人编撰的一部记载唐朝历史的纪传体断代史书，是"二十四史"之一。《新唐书》前后修史历经了17年，在体例上第一次写出了《兵志》《选举志》，系统论述唐代府兵等军事制度和科举制度。这是我国正史体裁史书的一大开创，为以后《宋史》等所沿袭。

■ 古画中儿童放风筝

唐代纸鸢的制作水平很高，宫廷纸鸢有的还用丝绢扎制，不但可以白天放飞，而且晚上可把五彩灯笼挂在纸鸢上，放到空中去。

每年放纸鸢的时节，太学也要放假三日，武学也要放一天假。顾非熊在《长安清明言怀》诗中，曾记载了唐玄宗姿游踏青的情景：

明时帝里遇清明，还逐游人出禁城，
九陌芳菲莺自转，万家车马雨初晴。

直至唐代中期，进入了繁荣稳定的发展阶段，纸鸢的功能开始从军事用途转向娱乐，同时由于纸业的发展，使得纸鸢的制作材料也由丝绢开始转用纸张。纸鸢也逐渐走向民间，种类、花色也多了起来。

那时的人们在重阳节扫墓、登高、蹴鞠、打马

蹴鞠 《战国策》和《史记》是最早记录蹴鞠的文献典籍，"蹴"即用脚踢，"鞠"系皮制的球，"蹴鞠"就是用脚踢球，它是我国一项古老的体育运动，有直接对抗、间接对抗和白打三种形式。

球，放纸鸢，儿童放纸鸢始在民间流行，唐代诗人唐采在《纸鸢赋》中记载：

代有游童，乐事末工。饰素纸以成鸟，像飞鸢之戾空；翻兮将度振沙之鹭，杳兮空光渐陆之鸿，抑之则有限，纵之则无穷，动息乎丝纶之际，行藏乎掌挥之中……

唐代时纸鸢的制作水平已非常高超，放飞效果又非常好，纸鸢的制作技艺和放飞效果都达到了较高的水平。据说当时的张培在情急之中所做的纸鸢能放到高百余丈。由此可见，连射箭高手的箭都不能及。

唐初纸鸢的尺寸比较大，可以进行载人飞行，成功与否另当别论，只能推测放飞的技术已经成熟。

唐代著名诗人李商隐在《燕台》中有"西楼一夜风筝急"和高骈的风筝诗句：

夜静弦声响碧空，
宫商信任往来风。
依稀似曲才堪听，
又被风吹别调中。

中唐诗人元稹在他的

■ 双鱼纸鸢

■ 年画放风筝

咏物诗《有鸟二十章纸鸢》中写道：

有鸟有鸟群纸鸢，
因风假势童子牵。

其他一些诗人也在唐诗中多次写有咏风筝诗词，可看出盛唐时期风筝活动情况。

名称由"纸鸢"变为"风筝"在唐朝已有，后来五代时期，据专门记叙通俗俚语的书《询刍录》记载，五代时期，亳州刺史李邺在纸鸢上装制竹哨，风入竹哨，声如筝鸣，纸鸢由此而正式得名风筝。

风筝与我国传统音乐、舞蹈、戏剧、民俗相融合，逐渐形成独特的风筝文化，又因地域文化不同、历史发展时期不同，让风筝的发现呈现出丰富多彩、各有千秋的态势。可以说，唐代风筝已成为年轻人的嬉耍物品。《全唐文》卷一五四杨誉《纸鸢赋》载：

相彼鸢矣，亦飞戾天，问何能尔，风之力焉。余因稽于造物，知不得于自然，原其始也，谋及小童，征诸哲匠，蔡伦造纸，公输献状。理纤篾以体成，刷丹青而神王。

可见唐代儿童不仅能放风筝，而且还能制作风

《全唐文》是清朝官修唐人总集。全书1000卷，并卷首4卷，辑有唐朝、五代十国文章共18488篇、作者3042人，每一位作者都附有小传。从1808年开始由董诰领衔，阮元、徐松等百余人参加编纂，是我国唯一最大的唐文总集。

筝，风筝做为娱乐用品已比较普及。唐人路德延的《小儿诗》记述的几十种儿童游戏中，放风筝是其一，诗曰：

折竹装泥燕，添丝放纸鸢。

当时的风筝不仅白天放，夜间也能放。唐朝赵昕编写的《息灯鹞文》中，就记述过宫廷夜晚放风筝的故事。宋代，放风筝已成为流行于民间的娱乐活动和喜事的庆祝纪念活动。

宋人周密的《武林旧事》就详细记载过，每到九九重阳节的时候，人们便背上饭食到郊外放纸鸢，直到日暮方归的情景：

少年郎竞放纸鸢，以相勾引，相牵剪截，以线绝者为负。

宋苏汉臣画的《百子图》里，还详细描写了放风筝的动作和工具。由于风筝的普及，当时放风筝已经发展成为一种技艺。

逢庙会、集市、节日和游戏时，都有人表演创作和放风筝。放风筝的人同杂技演员、杂剧演员被称为"赶趁人"。南宋末，开始出现了以扎售风筝为业的手工艺人。

在明清时期风筝的发展达到了鼎盛时期，无论在大小、样

葫芦形风筝

火药 我国发明于隋唐时期，是我国四大发明之一，火药的研究开始于古代道家炼丹术，古人为求长生不老而炼制丹药，炼丹术的目的和动机都是荒谬和可笑的，但它的实验方法还是有可取之处，最后导致了火药的发明。

式、扎制技术、装饰放飞的技艺上都比从前有了很大的进步。

明清时期风筝的装饰手法上也较过去丰富，风筝和各种民间工艺开始有机地结合起来。

明代初年，有人在风筝上安装火药，点燃盘香以后，从而放飞到敌营上空，盘香燃尽点燃引信，火药立即爆炸，这便是有名的"神火飞鸦"。

在明代以前，我国民间在重阳节放风筝的习俗，主要流传在南方广大地区。但是自从1371年明太祖定都北京以后，我国文化经济的中心逐渐北移，南方重阳放风筝的风尚习俗也逐渐流传到了北方，并根据北方独特的地理环境，人们开始逐渐将重阳节放风筝的习俗转移到了更加适合北方节气的清明节，一些地方保留了在清明和重阳两个节日放风筝的习俗。

■ 清代风筝

后来由于明太祖在执政后采取节俭传统节日的开支等措施，所以，在明代初期重阳等节日的娱乐活动有所衰减。

另外，明代的帝王吸取汉代出现的韩信与陈豨用风筝测量未央宫、准备谋反的教训，下令禁止在京都放风筝，因此，这一时期在我国北方地区清明节放风筝的风俗，也受到一定影响。

《帝京景物略》为明初刘侗所著，它是一部详细记载京都节令风俗、名胜古迹的专著，其中对京都人们在重阳节扫墓、踏青和娱乐的活动记述尤为详细。但唯独没有放风筝的内容，并记载道：

儿童放风筝图

燕，日有风鸢戏，现已禁。

而同时期在南方，放风筝却一直是重阳节的一项不可缺少的内容。当时在南方民间放风筝为儿童所喜闻乐见，也是画家、诗人常见的创作题材。徐渭在诗中写道：

我亦曾经放纸嬉，今来不道老如斯。
那能更驻游春马，闲看儿童断线时。

在另一首诗中也有描写放风筝的内容：

柳条搓线絮搓棉，搓够千寻放纸鸢。
消得春风多少力，带将儿辈上青天。

刘侗（约1593—约1636），明代散文家。在当员生时，因"文奇"被人奏参，同谭元春、何闳中一起受到降等的处分。他因此颇有名气。1634年考取进士，后选任吴县知县，赴任途中逝于扬州。

戏曲 是我国传统的戏剧。戏曲的内涵包括唱念做打，从全国300多个戏曲剧种中脱颖而出的京剧、豫剧、越剧，被官方和戏迷友人们誉为中国戏曲三鼎甲，综合了对白、音乐、歌唱、舞蹈、武术和杂技等多种表演方式。

李渔 初名仙侣，后改名渔，字谪凡，号笠翁。明末清初文学家、戏曲家。后居于南京，把居所命名为"芥子园"，著有《凰求凤》《玉搔头》等戏剧。

■ 儿童放风筝壁画

直至明代中叶，《水平府志》记载：

> 家家树秋千为戏，闺人挝子儿赌胜负，
> 童子团纸为风鸢引绳而放之。

清初著名戏曲家李渔，还专门编写了风筝演义的传奇戏曲作品《风筝误》，并在该剧的成因中写道：

> 书生韩世勋题诗于风筝上，放飞中风筝
> 落在詹家，詹淑娟和诗其上，因而结合。

在清代，放风筝之戏在我国普遍兴起，放风筝成为我国北方在重阳节和清明节的一项群众性的娱乐活动。

特别是在文化经济发达的京津地区和以手工业著称的山东潍坊地区放风筝的传统尤为突出，许多地方志和地方文献中都记载了清明时节放风筝的情景。

■ 儿童放风筝壁画

民间放风筝习俗的普及，不仅丰富了人们的文化娱乐生活，同时，在这项活动的实践中，勤劳智慧的劳动人民把放风筝作为一项锻炼身体"去病免灾"增强体质的活动来看待。

因此，放风筝开始脱离了只在清明和重阳的范畴，开始成为人们不可缺少的娱乐和体育活动，并越来越被人们所重视。

清代，在北京一带，宫廷与民间的风筝发展迅速，不仅制作精良，而且品种增多，出现了造型新颖的字风筝，使风筝有了新的形式和内容，吸引了成千上万的人观看放风筝。《北京竹枝词》就真实生动地描述这一情景：

风鸢放出万人看，千丈麻绳系竹竿。
天下太平新样巧，一行飞上碧云端。

这一新内容、新形式的出现，为我国风筝的发展开辟了广阔的道路。此时，各地相继出现了像仙鹤童子、雷震子、群雁、杏花天等各种不同形式和内容的风筝。

■ 重阳节放风筝图

刺绣 是用绣针引彩线，将设计的花纹在纺织品上刺绣运针，以绣迹构成花纹图案的一种工艺。因刺绣多为妇女所作，故又名"女红"。刺绣是我国古老的手工技艺之一，我国的手工刺绣工艺，已经有2000多年历史了。

潍县风筝艺人根据我国"尊龙"传统，吸收了当地木版年画、刺绣等民间艺术中有关龙的形象，对传统蜈蚣风筝加以创新，将蜈蚣头改装成龙头，扎制出了"龙头蜈蚣风筝"，巧妙地把龙的形象运用到串式风筝上，被称为潍坊传统风筝一绝。

随着民间放风筝的普及和发展，宫廷中把放风筝当作一项娱乐来对待，各地官吏把民间涌现出来的富有、"吉祥如意"内容而制作精巧的风筝，作为进贡礼品，并把扎制、绘画的能工巧匠选送到京都，为宫廷扎制风筝。

宫廷风筝的制作，不同于民间风筝，它不计工本，不惜代价，因而选料、制作、绘画等各道工序，都极为讲究，甚至连放风筝用的拐子都雕刻得非常精致美观，所制作的风筝富丽堂皇，花样百出，姿态各异，是一种高雅精致的艺术珍品。

风筝艺人们除为宫廷制作风筝外，还在京城开设风筝铺，扎制风筝出售。诗人裴星川在其《竹枝词》中记录了当时风筝市场的盛况：

风筝市在东城墙，购选游人来去忙，

花样翻新招主顾，双双蝴蝶鸢成行。

在闽南语中有一句话：

九月九，风吹满天啸。

就是形容重阳以后，风筝满天飞的情形。由于农历九月以后，我国台湾季风渐强，另一方面又天高气

年画 是我国古画的一种，始于古代的"门神画"。清光绪年间正式称为年画，是我国特有的一种绘画体裁，也是我国农村老百姓喜闻乐见的艺术形式。

■ 制作风筝塑像

爽，正是放风筝的好时节。从前玩具不多，又很少有娱乐活动，放风筝就成为孩童的最爱。

当秋天一到，大家在田野空地，大放风筝，是相当快乐的事情呢！台湾重阳放风筝的习俗，起源相当早。据资料的记载，居住在宜兰的平埔族，也就是葛玛兰人，早就有这样的活动。

台湾地区早年的重阳放风筝活动，所用风筝大多由孩童自己制作，式样凭自己巧思发挥，一般都以放得高为主，种类也相当地多。

除了将风筝正常放飞以外，几个风筝在天空中，互相打斗的事，也是相当精彩有趣的一件事情，这就是当地人喜欢的"风吹相咬"。

当风筝在天上打斗的时候，用各种技巧操控风筝，或者截断对方的尾巴，或者咬断风筝线，让对方"英雄无用武之地"。更激烈的，还有在风筝线上，绑上暗器的，以便破坏对方的风筝。风吹相咬时，大风筝固然容易打胜，但小风筝操控自如，东游西窜的，易于随时打游击，反而更居优势呢！

阅读链接

在记述唐代各项典章制度沿革变迁的史书《唐会要》中，曾经记载了一则关于唐代皇帝过节的情况。

据记载，到重阳节时，皇帝一般是在曲江岸边的亭子里举行庆祝活动，在此期间，皇帝不仅要赐宴文武百官，还要即兴作诗，臣子应制唱和。

例如在788年的重阳节那天，唐宣宗在曲江亭宴饮群臣，宣宗把诗作成之后，群臣纷纷唱和，当场交上来诗的有36人，宣宗还把这36首诗评出三个等级，甲等4人，乙等4人，剩下的是丙等，在这一天君臣尽欢。

宋代菊花文化的极盛发展

重阳习俗虽然世代相传，却并非一成不变，世异时移，一代人有一代人所面临的问题，一代人有一代人的社会生活，重阳习俗也会有相应的调整和变通。

直至宋代，随着经济的发展，我国的文化也达到了一个新的高峰，城市里的各种过节习俗也繁盛一时。

当时的主要城市如汴梁、洛阳、苏州、杭州等，商业店铺比比皆是，主要有食店、酒肆、茶坊、肉铺、鱼行、米铺、药店等。

到了重阳节，各行行业都有自己的习俗惯制，也有精明的商家把节日

仕女赏菊图

赏菊图

形成的"节日经济"作为自己的经营绝招。

在京师汴梁，由于受城市地貌的限制，人们在过重阳节时，首先想到的是菊花。重阳赏菊之风盛行，民间还把农历九月称为"菊月"，在菊花傲霜怒放的重阳节里，观赏菊花成了节日的一项重要内容。

当时无论皇室贵戚还是文人士子、小民百姓，都要赏玩菊花。文人士子们还要举办社交宴乐性的菊花会，赏菊吟诗。其中，规模最大，人气最盛的当数宫廷的赏菊活动：

禁中例于八日作重九排当，于庆瑞殿分列万菊，灿然眩眼，且点菊灯，略如元夕。

从北宋起，菊花才成为民间百姓玩赏的对象，在都城汴梁培植和玩赏菊花的也很普遍，并且开始运用"嫁接"之术培育菊花，因而菊花的品种越来越多。

宋朝栽培菊花更盛，随着培养及选择技术的提高，菊花由室外露地栽培发展到盆栽，并能用其他植物作砧

木嫁接菊花，菊花品种也大量增加，这是从药用转为
园林观赏的重要时期，出现了不少菊花专书和菊谱。

　　在此期间的菊谱，对所栽的品种即以花色归类，
并对花形也有较详细的记载。刘蒙的《菊谱》是最早
记载观赏菊花的一本专著，记有菊花品种26个。

　　范成大的菊谱中记载有35个品种，其中的"合
蝉""红二色"是管瓣出现的最早记载。其后，花色
又出现了绿色的"绿芙蓉"和黑色的"墨菊"。

　　在栽培上对菊花的整形摘心、养护管理和利用种
子繁殖获得新品种等都有了进一步的经验。在《致富
广集五记》记载：

　　　临安园子，每至重九，各出奇花比胜，
谓之开菊会。

　　据《乾淳岁时记》记载，当时南宋杭州宫里到了
重阳节都要摆列出来千万盆菊花，供人玩赏，晚上还
要点菊花灯，其热闹情况有如元宵灯节一样。

■ 素雅的菊花油扇

元夕 指的是"元
宵节"。时间为农
历正月十五日，
是我国的传统节
日。农历里正月为
元月，古人称夜晚
为"宵"，而正月
十五日又是一年
中第一个月圆之
夜，所以称正月
十五为元宵节。

菊谱 菊花在我国
有悠久的栽培历
史，随着菊花品
种的不断丰富发
展，历代的艺菊专
著相继问世，文人
墨客以菊为对象
吟诗作赋的作品
也屡见不鲜。至
清代，菊书、菊
谱如雨后春笋一
般，其中清弘皎的
《菊谱》即诸多艺
菊专著之一。

■ 菊花图

《杭州府志》中记载：

临安有花市，菊花时制为花塔。

可见南宋时的首都临安，即杭州，有了花市、花会。流传至今的菊花会是在南宋时杭州开始的。

宋末史铸的《百菊集谱》列举了洛阳、苏州等地菊花品种160多个，系汇辑各家专谱，加上本人新谱及有关故事、诗文等而成，搜罗广博，蔚为壮观，堪称集当时菊谱之大成。

南宋以后，艺菊中心转至江南的苏、杭一带。如范成大在苏州附近辟置范村艺菊，当地花师傅善于对菊花进行整形、修剪，可做到一株上开数十朵菊花，足见当时技艺之高。南宋都城杭州是当时的艺菊中心，如菊花会、菊花山、大立菊及菊塔等，都是当时在杭州开始出现的。

据载，当时的洛阳是培养菊花最早的一个城市，刘丛泉《菊谱》里就说洛阳风俗喜欢养花，菊花的品

范成大（1126—1193），南宋著名诗人。他从江西派入手，后学习中晚唐诗，继承了白居易、王建、张籍等诗人新乐府的现实主义精神，终于自成一家。风格平易浅显、清新妩媚。诗题材广泛，以反映农村社会生活内容的作品成就最高。他与杨万里、陆游、尤袤合称南宋"中兴四大诗人"。

类也比其他地方多。

大文学家苏东坡在他的《东坡杂记》里也说菊花的品种很多，从农历八月起一直开到十月，洛阳人善于嫁接花，每年都有新的菊花品种出现。

南宋以后，宋朝的政治文化中心逐渐南移，苏州、杭州一带培养的菊花也渐渐有名。

南宋诗人范成大的《范村菊谱》里就说到苏州花匠善于修剪菊花，使得一根上出几十朵花，团团的像车盖或熏笼一样，由于花匠的用心培植，常常变出新种来，他在一人家看到70种菊花，他自己只搜集到36种。南宋词人史正志在《菊谱》说，他在苏州看到27种菊花。

当时开封民间的菊花，最著名的有许多品种，如《东京梦华录》记载：

九月重阳，都下赏菊，有数种：其黄白色蕊若莲房，曰："万龄菊"；粉红色曰"桃花菊"，白而檀心曰"木香

■ 古代女子赏菊图

菊"，黄色而圆者曰"金铃菊"，纯白而大者曰"喜容菊"，无处无之。酒家皆以菊花缚成洞户。

南宋末年，富商大贾和官吏们私人培养菊花的人就更多了，刘克庄说福建建阳一个姓马富人养了100种菊花。

由于宋代菊花的繁荣，赏菊咏菊的人就多了，重阳咏菊词也可谓汗牛充栋，北宋政治家司马光在《九日赠梅圣俞瑟姬歌》说：

不肯那钱买珠翠，任教堆插阶前菊。

■ 菊花图

大词人苏轼在《次韵苏伯固主簿重九》诗中说：

髻垂不嫌黄菊满，
手香新喜绿橙槎。

南宋诗人杨万里却对开在山坡荒地上的簇簇"野菊"情有独钟：

未与骚人当糇粮，
况随流俗作重阳。
政缘在野有幽色，
肯为无人减妙香！
已晚相逢半山碧，
便忙也折一枝黄。
花应冷笑东篱族，
犹向陶翁觅宠光。

■ 野菊图

一代女词人李清照的重九《醉花阴》最有韵味：

薄雾浓云愁永昼，瑞脑销金兽。
佳节又重阳，玉枕纱橱，半夜凉初透。
东篱把酒黄昏后，有暗香盈袖。
莫道不销魂，帘卷西风，人比黄花瘦！

正是这些文人们借菊抒发自己的思想感情，借物抒怀，假物言志，而使菊花这种原本平凡的植物，具有了另一番神韵，增添了人情味的色彩。正是由于文人们赋于菊花以崇高的象征意义，从而使菊花的身价得到了飞速的提升。

■ 菊花图

菊花的兴盛，文化的繁荣，也影响到了民间传说的流行。那时有一个有关菊花的美丽传说。

有一个善良的农夫叫阿牛，7岁时就没了父亲，依靠双目失明的母亲纺织度日。为治好母亲的眼睛，阿牛一边做工，一边起早摸黑开荒种菜。也不知吃了多少药，母亲的眼病仍不见好转。

有一天夜里，阿牛做了一个梦，梦见一个姑娘告诉他说："九月初九重阳节，到运河西边的天花荡中，寻有一株白色的菊花，用花瓣煎汤给你母亲吃，就能治好她的眼病。"

终于等到了重阳节，阿牛一大早就出发去天花荡寻找白菊花。找啊找，阿牛发现天花荡里只有黄菊花，就是找不到白菊花。

一直找到下午，阿牛才在一个小土墩旁草丛中找到一株白色野菊花。这株白菊花长得很特别，一梗九分枝，眼前只开一朵花，其余八朵含苞待放。阿牛将这白菊花连根带土挖了回来，移种在自家屋旁。

过了几天，白菊花的八朵花朵相继绽开，又香又好看。阿牛每天采下一朵白菊煎汤给母亲服用。当吃完了第七朵菊花之后，阿牛母亲的眼睛便复明了。

后来，姑娘又出现在阿牛的梦里，告诉阿牛她是天上菊花仙子，因为被阿牛的孝心所感动，所以才托梦给阿牛。接着菊花仙子念道：

三分四平头，五月水淋头，六月甩料头，七八捂墩头，
九月滚绣球。

菊花仙子刚刚念完这句话就不见了。阿牛回到屋里仔细想菊花仙子的《种菊谣》，终于悟出了其中意思，菊花仙子是说种白菊要在农历三月移植，四月掐头，五月多浇水，六月勤施肥，七月八月护好根，这样九月就能开出绣球状的菊花。

阿牛根据菊花仙子的指点去做了，第二年农历九月初九重阳节便开出了一朵朵芬芳四溢的白菊花。后来阿牛将种菊的技能教给了村上的穷百姓，这一带种白菊花的人就越来越多了。

阅读链接

因为阿牛是农历九月初九找到这株白菊花的，所以后来人们就将九月九称作菊花节，并形成了赏菊花、吃菊花茶、饮菊花酒等风俗。

除了观赏，菊花还颇具实用价值。首先是菊花能入药。据古籍记载，菊花味甘苦，性微寒，有散风清热、清肝明目和解毒消炎等作用。

如在白菊花中加些茶叶，泡制菊花茶，能治疗肝火旺、目涩，或由风寒、风湿引起的肢体疼痛、麻木的疾病，对眩晕、头痛、耳鸣也具有防治作用。

其次菊花能用来泡茶。用菊花泡制的菊花茶更是宁神静气的天然药方，能够明目清肝，清热解毒，受到了越来越多人的关注和喜爱。此外，当时人们还用菊花装枕头，可以去头风、明眼目。

菊花酒成为百姓喜爱的佳酿

明张风画《渊明嗅菊图轴》

传说在很久以前，八仙中的何仙姑从东海云游归来，回到蓬莱洞府，向其他七位仙人说起在东海之滨的河阳市吃过一种菊花酒，味道好得就像天上瑶池的仙酒一样，当地老百姓都喜欢喝，说是喝了能延年益寿。

铁拐李听得直流口水，张果老听得摇头晃脑，蓝采和好像闻到了酒香，坐立不安，吕洞宾更是心急，说是马上到那里去尝尝。众仙人个个赞成。于是，八仙变成平民模样，腾云驾雾到了河阳市。

他们一行来到东门，只见酒坊林立，香气扑鼻。这时正是秋天，菊花

■ 菊花酒

盛开，红、黄、紫、白，煞是好看。抬眼望去，只见河阳桥边，有一座酒楼，名"景阳楼"，店里生意兴隆，楼上楼下，座无虚席。

铁拐李一进店就问："店家，可有菊花酒？"

店小二连连点头，说："老伯，酒菜都有，就是没有空座位了，能不能请稍等一会？"

铁拐李说："我们四海为家，只要有好酒好菜，哪儿都可以喝。来来来，先倒一氅酒来！"

店小二一看，铁拐李手里拿着一只装酒的葫芦，心想：这么一只小葫芦，能装一氅酒？就问："一氅酒能装得下吗？"

何仙姑笑笑说："装不下就归你，装得下尽管装，说吧，一葫芦要多少钱？"

店小二盘算着，这个小葫芦装满了也不过两三斤，五个铜钱一斤也差不多了，保险一点，稍微多要

八仙　是指民间广为流传的道教八位神仙。八仙之名，明代以前众说不一。有汉代八仙、唐代八仙、宋元八仙，所列神仙各不相同。至明吴元泰《东游记》始定为铁拐李、汉钟离、张果老、蓝采和、何仙姑、吕洞宾、韩湘子和曹国舅。

菊花图

点吧！就说："20个铜钱！"说罢，两人抬起一甏酒，倒进漏斗朝葫芦里灌。

哪里知道，一甏酒倒光了，还不见满，店小二就知道这是个宝葫芦，再看看这8个客人，个个仙风道骨，晓得遇到了异人，连忙说："老伯伯，难得各位仙人来小店品尝菊花酒，请也请不到，这酒钱我就不收了。"

何仙姑只是笑笑，早把一块银子放在柜台上。又买了几样素食，8个人就过了河阳桥、唤英台，走到文峰塔下，席地而坐。

何仙姑想，这样坐着饮酒，弯腰曲背，多不舒服哇！一摸自己袋里，还有几块在游东海时拣到的小石头子儿，摸出一块较大一点儿的，朝地上一放，说声"大"！

霎时，这块石头就变成了一张可以让8人围坐的石桌。何仙姑又接着用8块小石头变成了8张石凳。于是，8个人就围着石桌坐下，兴高采烈地喝起菊花酒来。直到酒醉八九分，才腾云回蓬莱洞府。

■ 菊花图

哪晓得，铁拐李把酒葫芦挂倒了，路过崂山时，他醉醺醺的一晃，把葫芦里的剩酒全倒在崂山上，因此，崂山的泉水也成了酿酒的好泉水。

直至宋代，饮菊花酒不再是达官贵人的特权，而是平民百姓喜爱的佳酿了。由于有了菊花酒，重阳节的内容愈发丰富多彩，并充满了情趣。

那时的人们仍把菊花酒视为节令饮品。南宋著名的政治家和诗人王十朋在《梅溪后集》卷七《九日》诗中写道：

呼儿满酌黄花酒，为子深倾锦石杯。

南宋诗人范成大在《重九独坐玉麟堂》诗中也曾

蓬莱 我国神话传说中的三仙山之一。相传海上有蓬莱、方丈、瀛洲，这便是东方的"三仙山"，也有"五神山之说"，总称为东方的蓬莱仙境。传说是神山仙府收藏秘录、典籍的地方，后东汉的学者也称藏书的东观为蓬莱山。蓬莱自古就被誉为"人间仙境"，八仙过海的传说就发生在这里。

经说到：

年年客路黄花酒，
日日乡心白雁诗。

南宋将领韩琦也在《菊觞》诗中说到了菊花酒：

九日陪嘉客，金英泛酒船。……坐中宜醉挹，仙录载延年。

据说南宋著名诗人陆游有一次病倒了，就饮用菊花酒，结果饮酒后病除，于是他写诗赞道：

菊得霜乃荣，唯与凡草殊。
我病得霜健，每却稚子服。
岂与菊同性，故能老不枯。

后来，重阳节饮菊花酒的热度有所减退，但菊花酒的酝酿范围却在扩大，人们更愿意把菊花酒当作酒类中的一个重要品种而推向社会，喜爱这种酒的人可以在一年四季随意取饮。

南宋政治家、文学家周必大在《泛舟游山录》中曾记载他在旅游途中的趣事：

■ 酒坛

韩琦（1008—1075），字稚圭，自号赣叟，北宋政治家、名将，天圣进士。与范仲淹共同防御西夏，名重一时，时称"韩范"。著有《二府忠论》5卷、《谏垣存稿》3卷、《陕西奏议》50卷、《河北奏议》30卷、《杂奏议》30卷、《安阳集》50卷等。

富文送菊酒与骨肉，小酌于南楼。

这里提到的菊花酒已经不是节令饮品了。北宋时期，河阳南小莲塘北岸，有座茅草房子做成的酒店，门面不大却生意盈门。店家王二酿得一手上等菊花酒，连千年老店景阳楼也佩服他几分。

这天，正值中秋佳节，店里人头攒动，生意兴隆。王二正忙得不可开交，忽然，店里来了个讨饭的老婆婆，这老婆婆虽然衣衫破旧，老态龙钟，却道骨仙风，目含灵气。王二正打算招呼伙计打发点饭食，这老婆婆却开口要喝酒。

王二心想，正是哪壶不开提哪壶，店里的酒已经卖完，连顾客还不够卖，哪还有酒给你喝，但他心地好，还是和颜悦色地说："老婆婆，你若实在要喝，也只能等我回到酒坊去拿来再给你了。"

老婆婆一听连声说："好，好，那我跟你一起到酒坊去吧！"

王二说："我家酒坊在虞家浜，离这里蛮远的，怕你走不动。"

但老婆婆执意要去，王二只好带她一起走了。说也奇怪，老婆婆看起来老态龙钟，走起路来倒又快又轻便。

到了王二酒坊，只见几口缸，口口缸上都标着日期。王二看着口口酒缸不禁连连叹气。

老婆婆有点奇怪，问他："店家，你酿得一手好酒，生意又好，怎么还唉声叹气的？"

王二说道："老婆婆，不瞒你说，我这好光

坛装菊花酒

古代酿酒坊泥塑

九九踏秋 重阳节俗与登高赏菊

景没几天了。"

原来，去年河阳来了个山东大汉叫黑虎，他依仗老子在朝中为官，狗仗人势，硬要各家酒坊把菊花酒低价卖给他，他再把菊花酒弄到他在历城开的一家春酒楼去卖高价钱。大家不卖，就叫地痞来捣蛋。最近，黑虎索性硬逼各家酒坊搬出虞家浜，好让他独家酿酒。

"老婆婆，你是外地人，不晓得这虞家浜浜水的好处。这虞家浜周围是铁屑黄泥，水从泥里流出来，菊花酒全靠这种水酿才有劲头。若用普通河水做酒就淡而无味了。眼看三天期限就要到了，一搬出虞家浜，我就没有菊花酒可以卖了。"说完，王小二就打了一碗酒给老婆婆。

老婆婆听了，愤愤地说："世上竟有这种黑心人，恶人必定会遭恶报的。店家，你放宽心好了。"

说着，呷了一口，连声说："好酒，好酒！真是人间瑶池酒！"

几口就把一碗酒喝完了，随即从头上拔下一只碧玉如意簪，对王二说："店家，你是个好心人，我不能白吃你的。这样吧，我把这只如意簪子送给你，算是酒钱吧！你到半夜子时，去把这只如意簪子插在荒地上，到第二天，那里定会变成另一个模样，你再把酒坊搬来，就又可以酿出菊花酒了。"老婆婆说完，一晃就不见了。

王二心想，一定遇见神仙了。到了半夜，他就按老婆婆的话，拿着如意簪子出去了，谁知走到虞家浜北面，不留意把如意簪子丢失了，天黑漆漆的，又没办法找寻，他只好回去。

第二天一大早，他再去寻找时，只见昨晚丢失如意簪子的地方，已变成一个清水碧波的大池，四周菊花盛开。这池子就像一柄如意，有6个小岛伸向池里。

王二尝尝水味，香喷喷，甜丝丝，正是酿酒的好水好地方。于是，王二便去约好几家被黑虎欺侮的酒坊老板，一起把酒坊搬来。果然，用这池水酿的菊花酒，竟比先前的更加浓香甘甜。王二酒楼的名声更加大了。

说来也奇怪，从此以后，用虞家浜水做的酒，倒反淡而无味了。那黑虎运到历城去的菊花酒，在一夜之间竟然都干掉了。

原来，那个老婆婆是天上的菊花仙子，也是王母娘娘身边的瑶池司酒仙女，因为王母娘娘闻到了菊花酒的香气直冲云霄，便命她下凡来探听个究竟的。

于是，菊花仙子就作法帮助了王二的忙，后又惩罚了横

■ 坛装菊花酒

行霸道的黑虎。

宋代民间酿造菊花酒的记载很多，如宋代人阳枋所撰的《字溪集》中就提到"程宣义善造菊花酒"。

当时最好的菊花酒被称作"金茎露"，南宋末年著名的诗人刘辰翁在《须溪词》中多次予以吟咏。如在《法驾导引》中写道：

> 金茎露，金茎露，绝胜九霞觞。挼碎菊花如玉屑，满盘和月咽风香，不是老丹方。

又在《朝中措》描写"金茎露"酒的简易制作方法：

重阳节俗与登高赏菊

菊花枫叶图

> 炼花为露玉为瓶，
> 佳客为频倾。
> 耐得风霜满鬓，
> 此身合是金茎。

也就是说，这种"金茎露"酒，首先要把菊花加工，蒸成花露，然后再以花露配制酒，使得酒体内菊香清爽，口味绝妙。

南宋末期的词人黎廷瑞在《一剪梅·菊酒》词中也对菊花酒赞誉有加：

> 不是孤芳万古留。餐亦堪羞，采亦堪羞。

离骚赋罢酒新蒭。醒也风流，醉也风流。

陶渊明饮菊花酒塑像

从技术角度上讲，菊花酒的配制并不复杂，但宋人深度琢磨，还是创造出了更优秀的菊花酒产品。

南朝宋史学家王韶之在《太清记·华岳夫人》记载，当时菊花酒是用菊花杂和黍米酿成的：

菊花舒时，并采茎叶，杂黍米酿之，至来年九月初九始熟就饮焉，故谓之菊花酒。

并且说菊花酒有延年益寿的功效，《太清记》称：

九月初九探菊花与茯苓、松脂，久服之令人不老。

阅读链接

由于菊花酒的缘故，重阳又成了祭祀酒业神的酒神节。如在《山东民俗·重阳节》中就有记载说，在山东，很多酒坊有在重阳节祭缸神的习俗，而这个神，就是杜康。

在贵州仁怀县茅台镇，每年一到重阳的时候，人们就开始投料下药酿酒，传说是因为在九九重阳这天，是阳气最为旺盛的时候，在这个时候酿出的酒，才算是好酒。

所以，每当烤出初酒时，老板就会在贴"杜康先师之神位"的地方点燃香烛，并摆放上供品，以祈祷酿酒顺利。

明清两代登高习俗的多样发展

　　明清时期，是我国传统节日重阳节的丰满发展期，此时的重阳节习俗已从宗教迷信的笼罩中开始解脱出来，发展为礼仪性、娱乐性的文化活动。

　　在这一时期，重阳节各种形式的文化游艺娱乐活动，基本上沿袭了古老传统的方式方法，但又融进了许多新的内容，从而使得传统、

■结伴友人登高图

■ 万岁山景

古老的文化娱乐活动的内容更加充实，且日臻丰满。

每逢农历九月初九，从宫廷到民间，都有形式多样、内容丰富多彩的活动，形成别具一格社会风尚。

明代时，重阳节插茱萸、饮重阳酒，吃重阳糕，并以花糕供祭家堂、祖先已经成为一种习尚。此外还有登高、赏菊、围猎、射柳、放风筝娱乐活动。

明清时，北京地区重阳登高也很盛行。每逢农历九月初九，皇帝要亲自到万岁山登高拜佛祈求福寿平安，并观览京城风光。皇后妃子们则在故宫的御花园内，登临堆秀山登高眺望。

一些达官贵人、文人墨客，或登临自家花园的假山亭台，或在旧京城内外爬山登高。明代就有皇帝亲自到万岁山登高的记载，清朝的皇宫御花园内也设有专门供皇帝重阳节登高用的假山。

万岁山 即北京景山。明永乐年间修建皇宫时根据青龙、白虎、朱雀、玄武4个星宿的说法，北面玄武的位置必须有山，便将挖掘紫禁城筒子河和太液池南海的泥土堆积成了此山，成为大内"镇山"，并取名为万岁山。

那时，老百姓登高主要是赴西山八大处、香山、白塔寺、北海、景山五亭、陶然亭等地，一般全家或三五好友同行。

每年农历九月初九这一天，老少爷们儿提壶携楹，出城登高。登高地点的选择也是有讲究的，南城的可选择天宁寺、陶然亭、龙爪槐等处；北城的一般去看蓟门烟树、清净化域，跑远的可以去西山八大处；西城的可以就近去玉渊潭、钓鱼台等。那时的各个适宜登山的地点，都是人头攒动，盛况空前。

记叙清代北京岁时风俗的杂记的书《燕京岁时记》就记载了那时人们重阳登高的盛况：

京师谓重阳为九月九。每届九月初九则都人提壶携楹，出郭登高。南则天宁寺、陶然亭、龙爪槐等处，北则蓟门烟树、清净化域等处，远则西山八刹等处。赋诗饮酒，烤肉分糕，洵一时之快事也。

燕墩

明清时人们九九登高，离城最近举行野炊的著名景点儿还有两处，南城的民众多在永定门外的燕墩，北城的民众多在德胜门外元大都北土城。此两处景点儿不但古雅，而且还有不同含义。

南边的多是民籍的南方人群，燕墩则是乾

■ 桃花山景

隆年北京城最南端的定位，在此往南遥拜怀念家乡亲人。北城多是旗籍民众，在北土城向北遥拜家乡自然顺理成章。看到土城子自会怀念家乡。

不论文人百姓，都喜欢登高后在山上野餐、烤肉食用。有些贵戚富家则带上帐篷、烤具、车马、乐器，登高台、土坡，架起帐篷、桌椅，大吃烤羊肉或涮羊肉，并唱戏奏乐，听歌看舞。

如清末慈禧太后，每年重阳于北海东的桃花山登高、野餐、烤肉，并架蓝布围障，防止闲人偷看。在玉渊潭钓鱼台等处，也集中了不少登高之客。

野炊食烤肉必须用当地的松树枝、松塔儿点火烤调制牛肉片。饮酒虽说是菊花酒，但多是应景儿而已，人们还是喜欢喝味道醇厚的老白干。

烤肉可与我们想象的不一样，是用酱油、大葱、姜丝、精盐把牛肉片煨透，用良乡瓦窑产的黑沙炙炉

慈禧（1835—1908），叶赫那拉氏。安徽宁池广太道惠徵之女。1851年入宫，封懿贵人，生同治皇帝，进懿贵妃。同治即位后，与恭亲王等密谋杀肃顺，垂帘听政。光绪即位后，仍听政。光绪亲政后，没有实际的权利，发动戊戌政变，被挫败以后，将光绪囚于宫中。1908年，光绪卒，次日，慈禧亦卒。

■ 滕王阁全景图

觥筹 酒杯和酒筹。酒筹是用以计算饮酒的数量。觥意为酒器,筹意为酒令。觥筹出自欧阳修《醉翁亭记》:射者中,弈者胜,觥筹交错,起坐而喧哗者,众宾欢也。

王勃 (649—676),唐代诗人。字子安,绛州龙门人,王勃与杨炯、卢照邻、骆宾王齐名,世称"初唐四杰",王勃是"初唐四杰"之首。

儿或铁炙子。

在炙子下面点燃的松枝、松塔儿发出异香,烘烤着煨透了滋味的牛肉片,待快熟时加上香菜段儿或蒜片儿上盘。

有时也可以在上盘时加些香油,喜欢食醋的再加上些高醋,这样别具风味。此时若要再吟诗作赋,或清歌昆腔、岔曲自是快乐人生。

登高游玩必定离不开诗词歌赋、饮酒作乐。有豪气的老北京人,重阳节喜欢呼朋唤友,烤肉分糕,觥筹交错之间其乐融融。

南北同节同俗。在广州地区,游客在重阳日登上白云山,饮酒赋诗,热闹非凡,影响至今。上海附近无山丘,便把沪南丹凤楼及豫园大假山作为登高雅集之所,也很热闹。

后来,由于重阳登高的盛行,一些原本名不见经传的山水风物,北京香山、山东的牛山、江西南昌的滕王阁等,也都是登高胜地。尤其是滕王阁,因唐代王勃于重阳节时在阁上写出千古名文《滕王阁序》,更闻名天下。

由于重阳为秋节,节后草木开始凋零,所以有称重阳节野游活动为"辞青",与三月春游"踏青"之说法相对应。

清潘荣陛《帝京岁时纪胜》记：

> 重阳有治肴携酌于各门郊外痛饮终日，谓之"辞青"。

《康熙天津卫志》中就记载了天津在重阳节期间的一些习俗：

> 九月初九重阳节，以玉皇阁为登高处，城内水月庵与诸
> 道观观礼北斗，攒香丈余，焚之历昼夜。

有的天津志书还提到，在重阳节这一天还要插菊花。重阳节插茱萸的风俗，在唐代就已经很普遍。古人认为在重阳节这一天插茱萸可以避难消灾，或佩带于臂，或作香袋把茱萸放在里面佩带，还有的插在头上。大多是妇女、儿童佩带，有些地方，男子也佩带。

明清两代，玉皇阁是天津城最高的地点之一，在重阳节这一天，人们一般都来这里登高。

古代天津城，虽然有鼓楼这个城中的制高点，也有很多人到鼓楼

■ 滕王阁远景

天津玉皇阁

去登高、远眺，但更多的人选择了玉皇阁。

　　这主要是因为当时鼓楼四周都是住宅，四周不够开阔，而玉皇阁面对着海河，四周一片开旷，一种心旷神怡的感觉油然而生，在三岔河口可以看到海河美丽的秋色。女儿回家吃切糕团团圆圆过重阳。

　　在天津，农历九月初九有吃切糕的习俗，也取其登高之意，也是人们长生不老愿望的一种体现。同时，在这一天，出嫁的女儿会被迎回家门吃切糕，又称"添秋膘"，团团圆圆地一家人在一起吃饭。

阅读链接

　　宋代的商业和工业都比较发达，因此在一些手工行业比较集中的城市，特别重视过重阳节摆重阳宴。

　　据记载当时徐州的手工业工人，多数是来自农村的。他们平素在城里干活，免不了牵挂着家中的庄稼活，但是重阳节一过，庄稼收获后，他们便无此后顾之忧了。

　　各个手工业作坊的老板深知这点，为了在黄金季节多创造产量、产值，几乎全市的手工业业主都利用过重阳的时候，犒赏一下工人、徒弟。不论菜孬、菜好总得摆重阳宴，让工人们美美地吃上一顿，喝足菊花酒，作为生产大动员。

重阳节赏菊发展为菊花展

九九重阳插茱萸的习俗在南方比较普遍，在发髻上插菊花却是北方人对菊钟爱到极点的事情。

自九月初一大家便开始忙碌九九点景，京城无论富庶小康人家还

■ 赏菊图

是皇宫府邸宅门儿，庭前屋后都会摆放一两盆或数百盆菊花。

各种菊花除了自己种植的以外，多是产自右安门外樊家村一带，其中的"黄金带""白玉团""旧朝衣""老僧衲"等菊花是文人最喜的高雅品种。

府邸宅门儿在摆放时别出心裁，把各种菊花的品种名称用小白竹牌儿用正楷写好以红绳拴挂，按照不同颜色以及花头大小组成峰峦叠翠的"九花山子"，至于福寿等吉祥图组也很别致优雅。

大茶馆还在院子里或铺面前堆起"九花山子"招揽顾客，有时还要提前书写广告"某某馆肆有九花山可观"。一般摆山多是按照万寿山形式，摆出佛塔、殿阁、楼台等造型。

北京的道教宫观在九九重阳均有祭祀，但这种祭祀却是为了一个女神而设立，自农历九月初一至初九为期九天的"立坛礼斗"。正日子就是九九，这位女神乃是北斗众星之母，称为"斗姆元君"。

九九是斗姆元君的诞辰，此法会又称为"九皇会"。不但必须有九花献供，还要舍缘豆吃素斋。梨园行以及家属也必须食素斋祭祀斗

■雪菊图

姆元君，他们还自行在精忠庙举办九皇会，拜忏念经献戏酬神。

明代，在《陶庵梦忆》中记载有千家万户赏菊花的盛况：

兖州绍绅家风气袭王府。赏菊之日，其桌、其炕、其灯、其炉、其盘、其盒、其盆盘、其看器、其杯盘大觥、其壶、其帏、其褥、其酒;其面食、其衣服花样，无不菊者夜烧烛照之，蒸蒸烘染，较日色更浮出数层。席散，撤苇帘以受繁露。

■ 陶渊明赏菊图

直至清代，《燕京岁时记》则准确记载了一些大型的菊花展览：

九花者，菊花也。每届重阳，富贵之家，以九花数百盆，架度广厦中前轩后轾(轩轾，车前高后低叫轩，前低后高叫轾，比喻高低优劣)，望之若山，曰"九花山子"。四面堆积者，曰"九花塔"。

清代时我国南方也有菊展，如《清嘉录》中记载

《陶庵梦忆》
为明代散文家张岱所著，也是张岱传世作品中最著名的一部。《陶庵梦忆》将种种世相展现在人们面前，如茶楼酒肆、说书演戏、斗鸡养鸟、放灯迎神以及山水风景、工艺书画等，构成了明代社会生活的一幅风俗画卷。

菊花图

楊子潮廻抱小樓焚香暇若
坐高頭風流也學青藤老
閒寫黃花過一秋

在苏州赏菊活动说:

畦菊乍放，虎阜花农，已千盎百盂担入城市。居人买为瓶洗供赏者，或五器七器为一台，梗中置熟铁丝，偃仰能如人意。或于广庭大厦堆垒千百盆为玩者，绉纸为山，号菊花山。而茶肆尤盛。

老北京人过重阳节时还喜欢赏菊、饮菊花酒。重阳节当日，人们经常赴天宁寺、景山、中山的唐花坞等地赏菊观景，北海、天坛、紫竹院、植物园等地的重阳节菊花展更是当年人们口口相传的盛事之一。

天宁寺位居广安门外，地势较高，可登临远眺京城，这里古树参天，植物繁茂，花团锦簇，尤以多姿貌美的菊花繁多而闻名古城，成为人们金秋登高赏菊游乐的好地方。

清代李静山的《增补都门杂咏》曾写道:

天宁寺里好楼台，每到深秋菊又开。

赢得倾城车马动，看花犹带玉人来。

另如《浮生六记》等书中也有赏菊之记载。

明朝菊花品种更多，艺菊水平又有提高，且有更多的菊谱问世。《艺菊书》中记载了220个菊花品种，且列专目论述菊花栽培的基本技艺，即：贮土、留种、分秧、登盆、理辑、护养。

李时珍的《本草纲目》和王象晋的《群芳谱》对菊花都有较多记载。

《群芳谱》对菊花品种作了综合性研究，记有黄色92个品种，白色73个品种，紫色32个品种，红色35个品种，粉红22个品种，异品17个品种，共6类、271个品种，至少有16种花型。还有高濂的《遵生八笺》记录菊185种，并总结出种菊八法。

直至清朝，菊谱及艺菊专著更多，说明新品种不断增加，栽培技术陆续提高。在这段时期中，还出现较为频繁的菊花品种

《本草纲目》

药学著作，52卷，明代李时珍撰，书中载有药物1892种，收集医方11096个，绘制精美插图1160幅，分为16部、60类。是作者在继承和总结以前本草学成就的基础上，结合作者长期学习、采访所积累的大量药学知识，经过实践和钻研，历时数十年而编成的一部巨著。

红菊图

■菊石图

交流。

有陈昊子《花镜》、刘灏《广群芳谱》、许兆熊《东篱中正》、陆延灿《艺菊志》、闽延楷《养菊法》、徐京《艺菊简易》、颜禄《艺菊须知》、计楠《菊说》、吴仪一《徐园秋花谱》等。

《花镜》一书记载当时菊花有黄色的54种，白色的32种，红色的41种，紫色27种，共计154个品种。

计楠的《菊说》载有菊花品种233个，其中新培育的品种有100多个，并提出了菊花育种的方法。

清朝菊花品种日益增多，在乾隆年间还有人向清帝献各色奇菊，乾隆曾召集当时花卉画家邹一注进宫作画，并装订成册。在文人中画菊题诗，也蔚然成风。

阅读链接

菊花又叫黄花，属菊科，品种繁多。我国是菊花的故乡，自古培种菊花就很普遍。菊是长寿之花，又为文人们赞美作凌霜不屈的象征，所以人们爱它、赞它，故常举办大型的菊展。

菊展自然多在重阳举行，因为菊与重阳关系太深了。因此，重阳又称菊花节，而菊花又称九花。赏菊也就成了重阳节习俗的组成部分。

宋代《东京梦华录》卷八："九月重阳，都下赏菊，有数种。其黄、白色蕊若莲房曰'万铃菊'，粉红色曰'桃花菊'，白而檀心曰'木香菊'，黄色而圆者曰'金铃菊'，纯白而大者曰'喜容菊'。无处无之。"

北方重阳食俗的传承与发展

明清两代，无论是宫廷还是民间，都非常重视重阳节。重阳节时，各地的地方名特食品、风味小吃，较之前代而言，不仅花样品种更为繁多，而且更形丰富多彩。

此时还出现了更多的专门记述、总结地方饮食文化发展情况的专著，还涌现出众多的烹饪专家，令人瞩目。

每年的农历九月时，宫中御前要进献菊花。且自初一日起，宫中帝后开始吃花糕。宫眷内臣则自初四起换穿重阳景菊花补子蟒衣。

九日重阳节时，帝后要驾幸万岁山

传统糕点

或兔儿山、旋磨台等处，进行登高活动，并品尝迎霜麻辣兔、喝菊花酒。九月宫中也要糟瓜茄，储备过冬的菜蔬，以供食享之用。

在民间，人们在重阳节进行登高之时，还要举行诸如饮用菊花酒、食用重阳花糕，又称寿糕等一系列的节日饮食文化活动。

各地风习虽略有不同，但活动内容均颇为丰富多彩。由于我国地域广阔，民族众多，因而到了明清以后，虽然重阳节各地都有登高、吃糕、赏菊等统一的习俗，但是北方与南方之间、汉族与少数民族之间，具体的过节形式又各有不同。

在北方，人们对重阳花糕的制作以及吃花糕都颇有讲究。如老北京人在过重阳节时，常常用登高、佩戴茱萸、赏菊、饮菊花酒、吃花糕、食烤肉、涮羊肉、吟诗作赋等方式来庆祝，以祈求平安健康。

北京城重阳吃花糕的习俗久远，随着制作花糕工艺日渐成熟，重阳花糕品种齐全、花样繁多。

北京的重阳花糕是用江米粉加水用屉布包起蒸熟，然后揉均匀，分成四块，再和一块面，把面拍成两厘米长的片放在案板上，抹一层豆沙馅，再铺一层江米面，用这种方法铺四层面、三层馅后，再放上煮熟的栗子、桃仁、瓜仁，要码严实后再撒上一层金糕丝、青梅。也有两层或三层的，中间夹桃仁、松子仁、温朴及青梅等果料。

早年间，京城南来顺的花糕是用黄色黍子面，即黄米面、白色江米面，一层黑色的豆沙馅，一共六层，看上去层次分明，颜色鲜艳。上面中间撒果料，如葡萄干、瓜子仁、金糕丁，四周边加放金糕条，看上去很是诱人，食欲大增。

到了重阳这一天，人们买回花糕后供于佛堂、祠堂，或作为礼品馈赠亲友，有的还要在上面插上五色小旗当标志。

如《帝京景物略》卷二记载：

> 九月初九，……面饼种枣栗，其面星星然，曰"花糕"。糕肆标纸彩旗，曰"花糕旗"，父母家必迎女来食花糕。

最简单的重阳糕，只是在家用发面饼夹上枣、栗等，也有的直接用江米、黄米面蒸成黏糕饼即可。

重阳糕的种类也很多，一类是饽饽铺里卖的烤制好的酥饼糕点，如糟子糕、桃酥、碗糕、蛋糕等；一类是四合院里主妇们、农村妇女用黄白米面蒸的金银蜂糕，糕上有花生仁、杏仁、松子仁、桃仁、瓜子仁。

此外，还有用油脂和面蒸的糕，将米粉染成五色的五色糕。也有的在花糕中夹铺着枣、糖、葡萄干、果脯，或在糕上撒些肉丝，再贴上"吉祥"或"福寿禄禧"字样，并插上五彩花旗。不仅民间风行制

玉带糕

作吃食花糕，在清代宫廷里，重阳节时也要举行花糕宴。

说起老北京的重阳节，还有一个有趣儿的风俗。每逢农历九月初九，有出嫁女儿的人家必须备名酒、糕点、水果在天明时把女儿接回娘家，谓之"归宁父母"。

女儿回娘家后，还必须在由娘家人拿出片糕搭在女儿的额头上，一边搭一边还祝福女儿，所以重阳节又称为女儿节。

至于老北京的大杂院里那就更热闹了。到了农历九月初九那天，夜幕降临，灯光闪耀，各家各户自带一种或两种吃食，聚到一起，饮着菊花酒、二锅头，吃着丰盛的饭菜，大家互相祝福着健康长寿、事事平安，大杂院处处洋溢着祥和的气氛。清代诗人、散文家袁枚在《随园食单》中说：

煮栗极烂，以纯糯粉加糖蒸上，加上瓜仁松子，此重阳小食也。

糕点

1864年甲子伴花斋所刻的《都门杂咏》中，有王嘉诚的诗写道：

中秋才过近重阳，
又见花糕各处忙。
两夹双层多枣栗，
当筵题句傲刘郎。

《故都食物白咏》诗云：

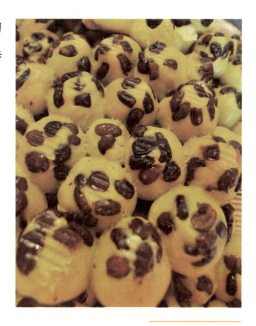

■ 枣花糕

佳果嵌来枣作泥，重阳糕宴事堪稽。
登高好把新诗赋，何故刘郎不敢题。

> **阅读链接**
>
> 在陕北一代，相传重阳节吃糕的习俗源自于明代康海中状元后的无意之举。
>
> 康海是陕西武功人，有一年，他刚参加完农历八月的殿试，就病倒在长安的一家客栈里，连自己高中了状元也不知道。报喜的报子在长安城遍寻不到康海，就日夜兼程将此喜讯送到康海的家乡武功，但此时康海尚未抵家。
>
> 家里没人打发赏钱，报子就不肯走，一定要等到康海回来。直到当年的重阳节，康海才病好回家，就蒸了一锅糕给报子作为回程的干粮，为了感谢家乡的父老乡亲，又多蒸了一些糕，分给左邻右舍。
>
> 因为这糕是用来庆祝康海中状元，所以后来有子弟上学的人家，也在重阳节蒸糕并分发给亲朋好友，以图讨一个好彩头，重阳节吃糕的习俗就这样传开了。

南方食蟹习俗中的轶闻雅事

酒蟹

大概从唐代开始，重阳又增添了食蟹的习俗。农历九月初九前后，人们重阳登高回来，自是疲惫，于是边饮酒边吃蟹边赏菊，解解乏，轻松轻松，再快活快活，给这天画个圆满的句号。

九九重阳前后，正值蟹汛，螃蟹又多又好，吃螃蟹属于天然之举，慢慢地相沿成习，积习成俗。

清朝著名的画家郑板桥在《留秋》一诗中写道：

左持蟹螯右持酒，

不觉今朝又重九；

一年好景最斯时，
橘绿橙黄洞庭有。

清代富察敦崇的《燕京岁时记》则写道：

扬州好，重九快
我曹。

毫无疑问，重阳这天的螃蟹已经不只是普通的食物，而且成了传统文化的载体，如同农历正月十五吃汤圆、五月初五吃粽子等一样，曾经是过去很多地方和人家不可或缺的风物。

■ 螃蟹图

特别应该提到，曹雪芹《红楼梦》里的林黛玉说"对斯佳品酬佳节"，薛宝钗说"长安涎口盼重阳"，说明直至清代，重阳佳节吃螃蟹已经普遍了，螃蟹已经成了重阳佳节不可或缺的食物了。

也有此时的御制诗的序中说道：

陶潜盈把，既浮九酝之欢；毕卓持螯，须尽一生之兴。

古代文人重阳节爱吃螃蟹，更重要的是螃蟹内蕴

郑板桥（1693—1765），清代官吏、书画家、文学家。名燮，字克柔。一生主要客居扬州，以卖画为生，"扬州八怪"之一。其诗、书、画均旷世独立，世称"三绝"，擅画兰、竹、石、松、菊等植物，其中画竹已50余年，成就最为突出。著有《板桥全集》。

■ 酒蟹图

美质、外露威武、出将入相、横行之象。

内则黄中通理，外则戈甲森然，此卿出将入相，文在中而横行匈奴之象也。

原来螃蟹仍是一种象征着腾达和风雅的食物。重阳时以良乡酒配糟蟹等而尝之，最为甘美。最有意思的是，过去长江三角城镇的商铺，主人往往在重阳节晚上宴请所有的伙计，这顿晚宴成为"螃蟹酒"。清代潘宗鼎《金陵岁时记》记载：

吾乡重九之夕，铺家沽酒剥蟹，以犒店伙。

同一时期的孔庆镕《扬州竹枝词》中也说：

紫蟹居然一市空，买来声价重青铜；东翁为劝茱萸酒，过却明朝上夜工。

此外，在浙江省绍兴当地有个民谣说：玄月九，湖蟹过老酒。

直至清代，姑苏、扬州、杭州、芜湖、南京、北

九九踏秋

重阳节俗与登高赏菊

孔庆镕（1787—1841），字陶甫，一字冶山。系七十二代衍圣公孔宪培胞弟宪增之子。因宪培无子，以庆镕为嗣。1794年袭爵，诰授光禄大夫。孔庆镕在历代衍圣公中属才华出众者，他留下的诗文书画有《春华集》《鸣鹤集》《忠恕堂集》各1卷，《铁山园诗集》4卷及《铁山园画集》等。

京、长沙等地，一到重阳，除了居民自家吃蟹之外，还亲朋相邀，文人雅集，吃蟹赏菊。古人有诗云：

　　不到庐山辜负目，
　　不食螃蟹辜负腹。

唐代唐玄谦的《蟹》诗道：

　　充满煮熟堆琳琅，
　　橙膏酱渫调堪尝。
　　一斗擘开红玉满，
　　双螯哕出琼酥香。

宋代诗人梅尧臣有诗赞蟹：

　　樽前已夺螃蟹味，
　　当日莼羹枉对人。

清代著名的文学家、艺术家李渔说：

　　蟹之鲜而肥，甘而腻，白似玉，而黄似金，已达色、香、味三者之至极，更无一物可以上之。

■ 菊花红叶图

章太炎 原名学乘，字枚叔，后易名为炳麟，号太炎。世人常称之为"太炎先生"。早年又号"膏兰室主人"。清末民初思想家、史学家、朴学大师、国学大师、民族主义革命者、著名学者，章太炎也精通医学，著有《霍乱论》《章太炎医论》（原名《猝病新论》）。

著名学者章太炎曾卜居吴中，啖蟹之余，夫人汤国梨曾吟诗道：

不是阳澄湖蟹好，人生何必住苏州。

古往今来，重阳之日许多文人墨客啖蟹、品蟹、画蟹，为后人留下许多轶闻雅事，也为人们啖蟹平添了十足的韵味。

重阳节的饮食都是健康的时令美味，人们往往更注重是美食的精神层面。吃重阳糕有登高之意，饮菊花酒可祛病延年，高洁明志，食螃蟹更是对今年丰收的喜庆，来年富足的企盼。

阅读链接

我国有三大名蟹，地处苏皖两省的古丹阳大泽河蟹花津蟹、河北白洋淀河蟹胜芳蟹和江苏阳澄湖河蟹，这也是阳澄湖大闸蟹名字的来源。

历史上，以丹阳湖、石白湖、固城湖、南漪湖以及周边地区一大片低洼湿地，面积近300万亩，这块横跨苏南和皖南、呈三角形的大湿地，因盛产河蟹而被称为河蟹"金三角"。

重阳节前后是吃蟹的最佳时机。俗语说："秋风起，蟹脚痒，九月圆脐十月尖。"九月要食雌蟹，这时雌蟹黄满肉厚；十月要吃雄蟹，雄蟹蟹脐呈尖形，这时膏足肉坚。

阳澄湖大闸蟹久负盛名，附有"蟹中之王"的盛名，历来被称为蟹中之冠。

重阳节这一天，人们赏玩菊花，佩戴茱萸，携酒登山，畅游欢饮，或祭扫祖墓、纪念先人，或蒸糕煮蟹、庆贺丰收，以各种形式表达对美好生活的向往。

我国疆域广阔、民族众多，各地区、各民族也都有自己的独特过节形式，这些颇具地方特色的重阳节习俗称为重阳杂俗。

如江南人有在重阳日让妇女休息的习俗。明代刘侗《帝京景物略》："九月初九，父母家必迎女归宁，食花糕。"北京《大兴县志》则有："九月初九，父母家必迎女归宁，亦曰女儿节。"

重阳杂俗

福建重阳祭祀妈祖祈求平安

福建重阳节的主要习俗是：登高、放风筝、食糕等,也有中秋祭祀妈祖的习俗。

在我国的东南沿海有信奉妈祖神的传说，沿海的人们每年在重大节日里都要祭妈祖，祈求保佑顺风和安全。

相传妈祖诞生于960年农历三月二十三，987年农历九月初九逝世。

妈祖降生时，邻里乡亲看见流星化为一道红光从西北天空射来，晶莹夺目，照耀得岛屿上的岩石都发红了。所以，父母感到这个女婴必非等闲之女，也就特别疼爱。因为她出生至满月间都不啼哭，便给她取名林默，父母又称她为林默娘。

■ 湄洲妈祖庙妈祖像

妈祖庙祭祀

林默幼时聪明颖悟，8岁读书，过目成诵。长大后，矢志终身不嫁，行善济人。她精研医理，教人防疫消灾，且洞晓天文气象，熟习水性。

湄洲岛与大陆之间的海峡常有海难发生，遇难的渔舟、商船，常得到林默的救助，因而人们传说她能"乘席渡海"。她还会预测天气变化，事前告知船户可否出航，所以又传说她能"预知休咎事"，称她为"神女""龙女"。

987年农历九月初九重阳节这天，年仅28岁的林默与世长辞。这一天，湄洲岛上群众纷纷传说，他们看见湄峰山上有朵彩云冉冉升起，又恍惚听见空中有一阵阵悦耳的音乐。

从此以后，航海的人又传说常见林默身着红装飞翔在海上，救助遇难呼救的人。因此，海船上就逐渐地普遍供奉妈祖神像，以祈求航行平安顺利。

在福建莆仙沿海，每年的农历九月九那一天，乡民们多到湄洲妈祖庙或港里的天后祖祠、宫庙祭祀，纪念妈祖羽化升天的忌日，求得

■ 于山风光

保佑。

福建的农历九月，秋高气爽，云淡山青，此时登临高处，瞩目水色山光，顿感心旷神怡，不失为一大乐趣。据宋代梁克家的福建最早的地方名志《三山志》记载：

汉闽越王无诸，九日登于山九日台，凿有石樽，以泛菊花酒。石樽可盛酒三斗。

后人附会农历九月初九登高可消灾祛病，从此便相沿成习。每逢重阳，家家户户携男带女登高，于山容纳不了，便渐及屏山、乌石山及南台大庙山。

民间传说大庙山上，有一天降巨石，重阳日小孩个个都想试登此石，若能登上，可保健康成长。

重阳登高，旧时多是读书人的事。清代乾隆年间

■登高图

的《泉州府志》记载：

　　　　九月登高、饮茱萸菊酒，唯士人间行之。

直至清代道光年间的《龙岩州志》又说道：

　　　　重阳登高会，采茱萸、菊花，泛酒以饮儒者游咏自适。

建阳县志上也说，每逢重阳时节：

　　　　士夫亦多援故事，登高饮唱，以乐嘉节。

　　同安、南安、漳浦、古田、尤溪、顺昌、将乐、光泽等地的旧志
也都有类似的记载。

　　就像三月三到绍兴玩"曲水流觞"、摹写《兰亭序》一样，九月
九重阳节这天就该读《滕王阁序》、吃重阳糕、喝茱萸酒。唐代福建
观察使常衮写过《重九谢赐糕酒等状》：

　　　　茱萸清酒，常闻旧俗之传。

■ 放风筝的儿童图

食俗 饮食风俗。"民以食为天"，各地各民族所处的地理环境、历史进程以及宗教信仰等方面的差异，使他们的饮食习俗也不尽相同，构成了食俗庞大纷繁的体系。食俗一般包括日常食俗、年节食俗、宗教礼祭食俗等内容，经常反映在一些典型食品与就餐习惯中。

常衮在福州时，最喜欢带文人写诗作文，这堆人有不少后来就高中进士了。宋代状元黄裳写给福州的诗，有"照万事时惟是道，赏三山处最宜秋"，可见重阳登高，最爱应景的往往是新科进士。

明代长乐人谢肇淛在《五杂俎》里记录了福州独有的重阳食俗：

闽省以是日作粽，与端午同。

乾隆版《福州府志》也说：

九日：登高，饮茱萸菊酒，啖栗粽。

可见明清时期，至少有200多年的历史，福州人重阳节要包粽子吃，还是栗子馅儿的。包粽子的风俗到清代道光年间渐渐消失，当时的福州诗人刘萃奎写的重阳诗里说：

近日乡风犹效古，不尝栗粽只尝糕。

清代，随着风筝的快速发展，福州人把重阳节变成了独一无二的秋季风筝节。福州风筝形式多样，以"九连环"为最雄伟。"九连环"形如蜈蚣，剪彩为头，具百四十四甲，长达四五十丈，大绳系于山石上，乘风则需数十人挽之。

风筝在福州又叫纸鸢，福州方言"鸢"与"殃"类似，因此，有人在放风筝时故意将线弄断，任其飘落别处，认为这样便可免去不幸与灾殃。

道光年间，福州学者郭柏苍写的《乌石山志》，就记录了需要几十个人一起放的大型风筝"九连环"，每年九月初九是重阳节，福州城里城外都可以见到人们登上高地放纸鸢。走在街上，你会看到一群鸢鹰在天上围成一圈的奇异景象，那是有人用一根粗大的绳子同时控制五个或更多的纸鸢。

或许你会看到1000米以外的天空上飞起一只巨大的风筝，它是一串相互间隔的风筝组合，叫"骨牌鸢"，每一片骨牌都有四五尺长，十分壮观。每年到九九重阳节这天，总有官员带着一群乡勇守在这个小山上维持治安，如果天气好，这一天会有三四万人登高放风筝。

■ 栗粽

在福州，放风筝以乌山最盛，其次为大庙山，参加风筝小组比赛的，基本上是福州青壮男子，福州女不放风筝，她们上山，只为了看热闹。

厦门、漳浦、海澄、南靖、诏安、龙溪、长泰、平和、漳州、平潭、永泰、建阳、崇安等地，在重阳节时放风筝已成惯例。尤其是儿童，以长细绳系之，出郊原乘风放纵，高飘入云，以为娱乐。

风筝也有在夜间放的，而且还带有点着烛火的灯笼。这种风筝施放起来煞是好看。夜放风筝盛行于清初，如县志有记载：

重九，……放纸鹞曰风槎，夜系灯而纵之，明彻星河。

但这种风筝极易引起火灾，后来官府予以禁止。

福建的重阳糕更是五花八门，体现了地方特点。福州的"九重粿"共9层，层层相连又可一一掀开，借符重九之意。中间夹七层糖色，寓意节节高和登高消灾。店铺出售时，将其切成菱形小块，上插红纸制的三角小旗，使人一望便知是重阳糕。

■ 蝴蝶风筝

建瓯、浦城有五色"九重糕"，以米粉蒸制而成。厦门、南平、尤溪、大田、长汀等地，重阳日制作栗糕。建宁家家磨浆作糕，名为"层层糕"。建阳的糕则以红薯、芋头和粳米制成，并且还互相馈送。

霞浦在重阳节这天，

民间以屑米蒸糕，和以红糖称甜糕，调以盐、肉称卤糕，这两种都叫重阳糕。亲戚之间互相馈送，特别是新婚的人家，尤重送头年。

福安则有七层糕，而在连城吃的是"薯糕""芋糕"，以至俗称重阳节为"薯姜芋卵节"。将乐有"阳阳包"，状如饺子。

其皮由芋头、山粉和制而成，以饼、糖、油渣调均为馅，多包成近似三角形状。整个制法如包饺子。但吃起来韧滑可口，胜过饺子。

■ 年糕

莆仙的人们沿袭旧俗，过重阳节时还要蒸九层的重阳米果。

清初莆仙诗人宋祖谦《闽酒曲》中说：

惊闻佳节近重阳，纤手携篮拾野香。
玉杵捣成绿粉湿，明珠颗颗唤郎尝。

做法是将优质米用清水淘洗，浸泡两小时，捞出沥干，掺水磨成稀浆，加入明矾搅拌；加红糖掺水熬成糖汁，而后置蒸笼于锅上，铺上洁净炊布，然后分9次，舀入米果浆，蒸熟出笼后上花生油即可。

此米果分9层重叠，可以揭开，切成菱角，四边层次分明，呈半透明状，食之甜软适口，又不粘牙，堪称重阳敬老的最佳礼馔。

莆田除了有九层糕外，据明代周亮工撰写的笔记小说《闽小

■ 美味的糕点

记·闽酒米曲》记载，还在重阳这天采草为糒，"和米捣成如弹丸大"。

在福建有些地方还有"补重阳"的习俗。如在厦门，重阳节时要食羊肉以资调补；在诏安，人们认为重阳节是全年中进补的最佳日子，因此，这天许多人家都要杀鸡宰鸭，和上当归、川芎、党参等滋补中药炖着吃。

漳浦有重阳节吃西红柿的风俗，说是可以御寒。长汀的一些农村重阳节时兴吃板栗、炖母鸡。漳州的重阳节还要吃柚子、番薯、芋头、花生、西红柿，据说吃柚子可以补脑，吃番薯、芋头可以补筋骨，吃花生可以补脾胃，吃西红柿可以补心肺。

每逢佳节倍思亲。也有利用重阳登山的机会，祭扫祖墓，纪念先人的。莆仙人因重阳祭祖者比清明为多，故俗有三月为小清明，重九为大清明之说。与清明的祭坟，合称春秋二祭。

在莆田、仙游祭先墓如清明。仙游旧时习俗，重阳节祭祀祖坟的开支来自"介田"。"介田"指兄弟分家独立时分剩余的田产。"介田"轮流种，祀先之后若还有盈余，再按丁平分。

浦城旧俗，重阳日到祖先坟前焚烧楮帛，称为"送寒衣"。

在沙县、长乐也有"秋祭"的习俗。沙县还有"搭重阳"的活动，即由道家设坛，百姓等搭上疏，祈求全家福祉。永定的一些地方做米饭，备牲醴，祭祖敬神。

上杭则有重阳节在九皇宫祀九皇的俗例。据传，上古有人皇者9人，故称。上杭自农历九月初一至初九，男女多食素，名九皇斋。有的人家在农历八月底洒扫房屋，墙壁家具擦洗一新，人人都要斋戒沐浴，非常虔诚。

松溪、永泰等地在重阳日清晨，要先采茱萸泛酒来祭祀祖先，然后邀请亲朋故友开怀畅饮。

祭祀 华夏礼典的一部分，更是儒教礼仪中最重要的部分，礼有五经，莫重于祭，是以事神致福。祭祀对象分为三类，即天神、地祇、人鬼。天神称祀，地祇称祭，宗庙称享。祭祀的法则详细记载于儒教圣经《周礼》《礼记》中，并有《礼记正义》《大学衍义补》等经书进行了详细的解释。

■ 美味糕点

■ 道教祭祖场景

霜降 我国传统二十四节气之一，霜降节气天气渐冷，霜降一般是在每年的10月23日，这时我国的黄河流域一带出现初霜，大部分地区多忙于播种三麦等作物。是秋季的最后一个节气，也意味着冬天的开始，霜降时节，养生保健尤为重要，民间有谚语"一年补透透，不如补霜降"，足见这个节气对我们的影响。

龙海等地民间重阳节时要用麻糍祭祖，还要用柚子、甘蔗、番薯、芋、红柿饼、花生等果品祀神，祭祀完毕后，供品要分给家人食用，还要用番薯皮、芋皮祭门槛，谓"剥鬼皮"。

在顺昌，民间有过"重阳关"之俗。这天，道士设道场作法事，头戴道冠，身披道袍，登坛诵经，吹龙角，击磬钟，请神求福。许多人家将自己家中16岁以下的子女开出生年月日时辰，交送神坛报名"斩关"，以保子女平安健康成长。

如果重阳节这天是霜降的话，在永定的一些农村，不能生火做饭，事先应准备干粮充饥，因为有"重阳对霜降，十家烧火九家亡"之说。

因为在当地的传说中，远古时期的"霜降"与"重阳"均是天上的两员猛将，骁勇善战，一日，两将不知何因，引起争端，打了起来，从天上战至人间，从人间复又天上，只战得天昏地暗，重阳渐渐不敌，躲进人间一柴灶内。

重阳性为火，所以在灶内很安生很惬意，而霜降性为水，无法入灶捉拿重阳，性情渐躁，遂起一计，看见冒炊烟的烟囱都给堵上，逼重阳出来再战，可怜了正在烧火做饭的人家，烟囱堵上，家中烟熏火燎，被熏死的、房屋着火被烧死的，不计其数。因而有了"霜降赶重阳，十家烧火九家亡"的说法。

但也有反其道而行之者，说是"重阳对霜降，十家烧火九家旺"，照常生火做饭。在政和一带，重阳节这天各工场或店铺老板，照例备好酒席，宴请师傅与学徒。其意在于自即日起其业务进入旺季了，大家多加出力。因此有谚语说："吃了重阳酒，工夫不离手。"

长汀县农家采田中毛豆相馈赠，称为毛豆节；海澄县重阳节放风筝为戏，称为风槎。

独特的重阳追节和枣上房

　　河北香河县的农历九月初九，有姻亲关系的家庭会互相送礼，称为"追节"。嘉庆时编著的县志《束鹿县志》就说：

九日，女家作枣糕馈婿，曰"追节"。

■ 追节礼品

1831年的《南宫县志》上也记载：

■ 花色糕点

以面、枣蒸糕，谓之菊花糕，献祖先，
亦以送婿家，谓之追节。

追节是准女婿在节日前一天向未来的老丈人家送
节日礼物的一种礼仪，按照其风俗有这么几种物品是
必须送的：

竹凉席一床、扇子若干，扇子的数量是依女方家
庭成员数而定的，有多少人就得送多少把扇子，此外
还要有阉割过的大公鸡一只、粽子10个，其他可以随
意。这追节礼仪，准女婿们只有结婚后才能免掉。

追节就是民间专门用来传递结婚信息的一个礼
仪。乡下的青年男女们因为文化活动有限，大家在一
起劳动的机会又大大地减少了，所以，恋爱必须得有

嘉庆（1796—
1820），清仁宗
爱新觉罗·颙琰
的年号，代指嘉
庆皇帝。嘉庆帝
是清朝入关后的
第五位皇帝，乾
隆帝的第十五
子。在位期间他
惩治贪官和珅，
肃清了吏治。庙
号仁宗，谥号受
天兴运敷化绥猷
崇文经武光裕孝
恭勤俭端敏英哲
睿皇帝，葬于清
西陵之昌陵。

人牵头，当这样的媒妁之言大功告成时，双方确定下了恋爱关系后，男方就得以办订婚酒的形式向人们予以公布。

从此以后，父母们别的事情都可以该省的则省，该略的则略了，唯有一件事父母们是必做的，这就是结婚前的追节。

其实，追节并不繁杂，就是男方父母觉得小孩子们已经到了结婚的火候了，并准备在下一年的重阳节前办婚事时，就利用这一个重阳节，让母亲陪着儿子，提上一篮粽子，拎上一提鸭蛋，有些隆重和讲究些的人家，还要加上几斤肉等凑足八样礼，到女方家去以示告之。

若女方家父母承允了，则全部收下礼物，如不承允或因其他原因不能肯定回复时，亲家们又是面对面的不好直接回，就适当地退回一点粽子，使双方不至于面子上过不去。

如果今年"追节"不成功时，来年还得如法炮制，不然，到时候真的想办喜事了，要是不太省事的女方父母，就会以没追节为借口，多多少少地出一些难题给男方。

在河北永平府，则以重阳的天气占未来晴雨。重阳节若下雨，这几个日子就都会下雨。

河北曲周境内无山，县民多于重阳节上城楼登高。

花式枣糕

在河北保定府的阜平县有"重阳枣上房"的习俗。阜平县盛产大枣，而重阳节用的蒸糕的红枣要经过长时间的晾晒才行。乡亲们一般在农历九月初九把红枣晒到房上，所以叫"重阳枣上房"。

到了重阳节前后，雨水少晴天多，利于红枣晾晒，红枣具备滋补气血功能，按乡亲们的说法，农历九月初九上房的红枣，吃了可以强壮身体活到99岁。还有个说法是重阳节上房的红枣酿造的酒量足味醇好喝。

窑神太上老君像

■ 老君画像

红枣上房的场面很壮观。重阳节这天太阳刚露头，家家户户大人小孩全部出动，有用荆篓踩着梯子往房上背，有的站在房顶上用绳子拴住篮系往房上拽，有的年轻小伙子力气大，干脆用簸箕往房上扬。

经过一个上午的劳作，全村的房顶全成了红色，就像盖上一张张大红的毛毯，这个景色站在村旁的山冈上看最美丽。

在河南信阳一带，每年到重阳节，当地人们喜欢全家围坐一起吃汤圆，街上有特色的餐馆还专门备有汤圆；在河南北部一些地区还有"九月九，卸石榴"的谚语，当地凡种石榴的人家，习惯在此日采摘咧嘴笑的石榴吃，表示幸福美满，快快乐乐。

南阳等地的民间把农历九月初九当作老君的生日。传说中的老君小名为"哨"，他是道教的始祖，人们十分敬重他，所以重阳当日游乐时，一律忌吹哨子。清丰县的儿童在重阳节还善于放纸鸢为戏，他们奔走在草地村边，快乐中充满童趣。

谚语 熟语的一种，是流传于民间的比较简练而且言简意赅的话语。多数反映了劳动人民的生活实践经验，而且一般都是经过口头传下来的。它多是口语形式的通俗易懂的短句或韵语。谚语内容包括极广，类别繁多，不胜枚举。谚语是劳动人民的生活实践经验，而名言是名人说的话。

■ 花糕

孟浩然（689—740），唐代诗人，字浩然，襄州襄阳人，世称"孟襄阳"。少好节义，喜济人患难，工于诗。年四十游京师，唐玄宗诏咏其诗，至"不才明主弃"之语，玄宗谓："卿自不求仕，朕未尝弃卿，奈何诬我？"因放还未仕，后隐居鹿门山著诗200余首。

每年的重阳节前后，古都开封都会举办大型的菊花会。开封菊花会远在唐代就初具规模。唐代诗人刘禹锡对开封菊花"家家菊尽黄，梁园独如霜"的描述就可见一斑。

在北宋时期，开封的菊花更是闻名遐迩。每逢重阳节，不仅民间有花市赛菊，而且宫廷内也养菊、插菊花枝、挂菊花灯、饮菊花酒，甚至还开菊花会。《东京梦华录》中就有赏菊游人"游情寓意不一而足"之类的记载。

明清时代开封养菊、赏菊之风依然盛行，清代乾隆皇帝南巡来到开封禹王台赏菊时，就留下了"枫叶梧青落，霜花菊白堆"的诗句。

开封人酷爱菊花的传统习俗更浓。在每年农历九月的时候，养菊、赏菊者甚众，花市售卖菊花和沿街叫卖菊花则自成独特的风景。

西峡县同样以菊花远近闻名，号称"茂林修竹地，菊花茱萸乡"。西峡县地处豫、陕、鄂三省交会处，陆通秦晋，水连吴楚，山清水秀，历史悠久，文化灿烂。

据《西峡县志》记载，河南西峡县地处伏牛山腹地，伏牛山是"中华大地的脊梁"、长江黄河的分水岭、南北气候的过渡带。

它也是"全国山茱萸之乡"。隋唐时，因这里重阳节俗兴盛，菊花山声名远播，而专设"菊潭县"前后长达250多年。

据史料记载，唐代大诗人李白、孟浩然、杜甫、贾岛、白居易、李商隐都曾到西峡菊花山登高赏菊，宋朝的苏辙、宋祁，元末大诗人元好问，都游过菊花山，并留下诗词36篇之多。

孟浩然在《寻菊花潭主人不遇》一诗中写道：

行之菊花潭，村西日已斜。

主人登高去，鸡犬空在家。

■ 花糕

■ 茱萸花

九
九
踏
秋

重阳节俗与登高赏菊

苏辙 眉州眉山人。自号"颍滨遗老"，嘉祐二年与其兄苏轼同登进士科。唐宋八大家之一，与父洵、兄轼齐名，合称三苏。著有《栾城集》，包括《后集》《三集》等。

重阳店 地处豫西南边陲西峡县，豫鄂陕交会处，秦风楚韵交会，人文文化和民俗文化相互交织，形成独特的地域文化，是历朝文人骚客在九月里登高赋诗的首选之地。

苏辙在《九月园夫献白菊》诗中写道：

南阳白菊有奇功，潭上居人多老翁。
叶似旛蒿茎似棘，未宜放入酒杯中。

西峡的重阳糕同样有名。

九月蒸花糕，用面为糕，大如盆，铺枣二三层，有女者迎归，共食之。

这是对重阳糕用料、做工、用途等方面的文字记载。

西峡有个镇更是以重阳为名，相传尧的儿子丹朱在重阳店构建了军事要塞，重阳店的重阳寺中仍存有"天子万年碑"和"李氏瓦"，是重阳公主之母李娘娘在此生活留下的物证。

西峡县更有许多有关重阳节的美丽传说。据《西峡地名志》记载，重阳乡因重阳公主的传说而得名。重阳乡存有娘娘庙、公主坟，当地折子戏、民歌等都有关于重阳公主的说唱。

在风俗习惯上，西峡每年重阳节都有登高、喊山的习俗，有喝菊花酒、茱萸酒、菊花茶，枕菊花枕，食重阳糕，佩茱萸囊的习俗。每到重阳，娘家人都把出嫁的女儿接回家共食花糕，同庆团圆和丰收。

重阳乡是菊花和山茱萸的故乡，每到秋季，特别是重阳节前后，漫山遍野的金灿灿的野山菊和红彤彤的山茱萸，更是风景独具。这里的人们善酿菊花酒，喜吃重阳糕，爱用菊花枕，尊老、敬老之风代代传承。

每年九月九重阳节，家家户户都扶老携幼地来到户外，登高健身，对唱山歌，下棋吟诗，秋游赏景，其乐融融。重阳节是当地的传统民间节日，活动丰富，气息古朴浓郁。

阅读链接

茱萸雅号"避邪翁"，重阳佩茱萸的习俗在唐代很盛行，人们认为在重阳节这一天插茱萸可以避难消灾。

重阳节佩茱萸，在晋代葛洪《西经杂记》中就有记载。重阳茱萸的目的在于除虫防蛀。因为过了重阳节，就是十月小阳春，天气有一段时间回暖，而在重阳以前的一段时间内，秋雨潮湿，秋热也尚未退尽，衣物容易霉变。

但是在宋元之后，佩茱萸的习俗逐渐稀见了。随着人们生活状态的改善，人们不仅关注目前的现实生活，而且对未来生活给予了更多的期盼，祈求长生与延寿，所以"延寿客"菊花的地位最终盖过了"避邪翁"茱萸。

打围喝萝卜汤及裹栗粽吃横爬

在山东济南，每逢重阳节这天，人们都要到千佛山登高。自元代开始，这一天又被定为千佛山庙会，所以就更为热闹。

农历九月初九这一天一早，济南的人们都会赶来登山，时值深

济南千佛山

■ 济南千佛山

秋，天高气爽，山前山后，盛开的野菊烂漫似锦，清香扑鼻。因此，站在"赏菊岩"上观赏菊花，遂成登山的一大乐事。

除赏菊外，济南人还有吃菊花的习俗，将白色的菊花瓣采下，蘸上面粉油炸食之。或者配上肉类做成菊花火锅，配之以菊花浸泡的美酒，在山上野餐，真是别具风味，清香无比。清朝济南诗人朱照曾在《重阳节同人挈酒历山登高诗》中写道：

闲招三两友，把酒醉南山。
静喜高松下，香偎野菊间。

这首诗，正是古人重阳登千佛山的生动写照。

在重阳节这天，济南人还要蒸枣糕吃。街上出售枣糕，多用糯米和枣或小豆和枣做成，蒸熟后在街上

千佛山 古称历山，亦名舜耕山。相传上古虞舜帝为民时，曾躬耕于历山之下，因称舜耕山。据史载在隋朝年间，山东佛教盛行，虔诚的教徒依山沿壁镌刻了为数较多的石佛，建千佛寺而得名千佛山。与趵突泉、大明湖并称济南三大景观。

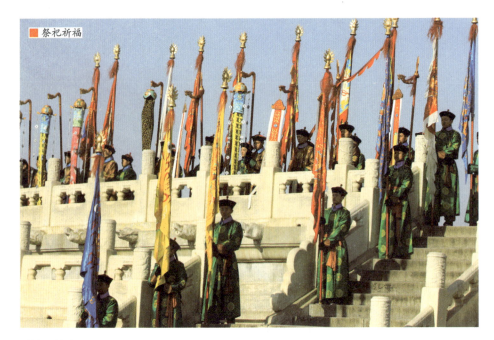

■ 祭祀祈福

现切现卖。

山东昌邑北部人家在重阳节吃辣萝卜汤，有谚语道：

喝了萝卜汤，全家不遭殃。

山东鄄城民间称重阳节为财神生日，家家烙焦饼祭财神。邹平则在重阳祭祀北宋政治家、文学家、军事家、教育家范仲淹。

在山东滕州，出嫁不到三年的女儿，忌回娘家过重阳节。在日照，重阳节时有吃大米干饭的习俗，故有农谚说：

九月九，大米干饭堵着口。

农民还有以重阳日阴晴来占卜年成的习俗。如谚语说：

九九无雨盼十三，十三无雨一冬干。

在平阴，重阳节则有打围的习俗。几十人或数百人，从日出前一字排开，手持短棍，从田野奔向山地，或从沟壑跑向丛林。人们呼叫着以惊起野兽，一旦发现猎物，便用木棍投击。

击中猎物者，将猎物举过头顶，向众人宣布猎物归属已定，不必再抢。如果同时抢到，则互不相让，能抢多少是多少，只要"果实"不举上头，别人兴许还会抢去。晚上，人们则以猎物为肴，饮酒乐之。

平阴北部的人去南部打围叫"打南围"，南部的人去北部打围叫"打北围"。平阴地域狭小，出县境打围是常有之事，但多在东、南、北部地区，西靠黄河，去西部者比较少。

重阳节是浙江绍兴"四时八节"之一，登高、赏菊、饮酒、插茱萸、食重阳糕的习俗在绍兴也一样通行。所不同的是，宋朝时，绍兴民间还有重阳节裹栗粽并相互馈赠的风俗。南宋地方志《嘉泰会稽志》记载：

重九相约登高、佩萸、泛菊，不甚食糕，而多食栗粽，亦以相馈……

至清代，食粽俗

■ 干米饭

占卜 "占"意为观察，"卜"是以火灼龟壳，认为就其出现的裂纹形状，可以预测吉凶福祸。它通过研究观察各种征兆所得到的不完全的依据来判断未知事物或预测将来。

四时八节 四时指春、夏、秋、冬。八节指立春、春分、立夏、夏至、立秋、秋分、立冬和冬至。四时八节用来泛指一年中的各个节气。

康熙 （1662—1722），清圣祖仁皇帝爱新觉罗·玄烨的年号，代指康熙帝，清朝第四位皇帝、清定都北京后第二位皇帝。康，安宁；熙，兴盛取万民康宁、天下熙盛的意思。在位61年，是我国历史上在位时间最长的皇帝。他是我国统一的多民族国家的捍卫者，奠定了清朝兴盛的根基，开创出康乾盛世的大好局面。

已不流行，而是代之以米糕，糕上还插五色小旗，以供儿童游戏。

清代地方志《康熙会稽县志》记载：

> 九月初九，登高、佩萸、泛菊，蒸米为五色糕，剪彩旗，供小儿嬉戏。

在清《嘉庆山阴县志》中，也有"重阳登高，蒸米为五色糕"的记载。这些记载表明，重阳食五色糕的习俗在清代盛行绍兴一带。

不过，即使同属绍兴，各地重阳糕的做法也不同，如新昌重阳糕用糯晚米粉嵌栗蒸熟，吃时蘸红糖水，朴实无华，体现了新昌淳朴的民风。而绍兴县柯桥一带农村制作重阳糕时，则往往拌之以糖水桂花，还有些地方则裹之以红枣。

与北京重阳节要出嫁女儿"归宁"截然相反的是，旧时绍兴民间在过重阳节时却最忌互相拜访，除非亲友家有丧事，才往灵前哭拜。

旧时绍兴还有重阳节吃螃蟹的习俗。绍兴是水乡，又临海，重阳节前后正是螃蟹上市之时，此时的螃蟹肉嫩味美，价廉物美。因此，民谚说道：

■ 米糕

清明螺端午虾，九月重阳吃横爬。

重阳节螃蟹图

"横爬"就是螃蟹，这是绍兴人对它的形象而又幽默的称呼。

在浙江新昌等地农村还有"九月初九农民节"之说，这一天，农家多做麻糍，买鱼肉，杀鸡鸭，办酒宴，称为吃重阳酒，故有民谚说：

重阳不吃饱，
亏煞种田佬。

因为重阳节时当秋收，所以许多农民还会备了祭品，挑往田头，祭祀田公田婆，表示对当年庇佑感谢，也祈求对来年收成的保佑。

浙江桐庐县农历九月初九备猪羊以祖，称为秋祭。同时也在重阳节绑粽子，互相馈赠，称为重阳粽。

至于一直作为浙江首府的杭州，则有重阳登高的习俗，一般登城隍山或葛岭初阳台。杭州地方志《杭俗遗风》载，这一天，城隍山登高吃糖炒栗子、鸡豆，带游斗坛、文昌、关帝、火德等庙。

除登高外，重阳节时的杭州几乎家家食栗糕。杭州的重阳糕与其他地区的不同，是以糜栗粉和糯米拌蜜蒸熟，切斜方形，上插彩旗。

重阳粽子

插旗之风，南宋已有。

据《梦粱录》记载，杭州城重阳节时兴狮蛮栗糕，用五色米粉塑成狮蛮，簇插小彩旗，用捣为细末熟栗子肉加入麝香糖蜜拌和，捏成五色弹儿一样的饼糕小段，就做成了狮蛮栗糕。

杭州还有一习俗，即在重阳节修灶，必加倍付给匠人工钱。

在浙江嘉兴，重阳节时人们除了去郊区胥山、城内瓶山、真如塔登高之外，一般人家还要在此日砌新灶，并用米粉、栗子做糕，插三角彩旗，做成"重阳糕"。

在嘉兴郊区新丰乡登青村有登青墩，系胥山余脉，"广寻数丈"，附近群众到此登高。城中怡情曲社于重阳节，在寄园举行"同期"，拍曲赏菊。桐乡濮院重阳兴吃赤豆糯米饭，称"增智饭"。

阅读链接

浙江杭州另一登高圣地是葛岭初阳台。葛岭初阳台位于宝石山西面，相传东晋道教大师葛洪曾炼丹于此，他还常常为百姓采药治病，并在井中投放丹药，饮者不染时疫，他还开通山路，以利行人往来，为当地人民做了许多好事。

因此，人们将他住过的山岭称为葛岭。葛岭顶有初阳台，平面宽广。每年的九九重阳节，在初阳台观日出，霞光万道，半天俱赤，光景迷离，瞬息万变，景象极为壮观，成为当地人们最喜欢的登高场所，历来有"东海朝暾"之称。

山陕地区骑射尊师吃长寿面

　　重阳节在陕北正值收割的季节，白天里人们一整天的收割、打场，夜幕降临，月上树梢，家人们就三三两两走出家门，爬上附近山头，点上火，谈天说地，一直等到月上三竿，甚至雄鸡报晓才回家。

　　夜里登山，许多人都摘几把野菊花，回家插在女儿的头上，以之辟邪。陕西西安或附近的人过重阳节登高的首选非大雁塔莫属，此塔是旧时长安第一高塔，乘兴登顶，能够一览长安城及郊区风光。

■ 古人登高图

■ 蒸枣糕

登大雁塔的习俗在唐代就很盛行，以后沿袭成风。也有借重阳节之机出游的，西安附近的白鹿原、神禾原、少陵原等地，都是首选的登山之地。

尤其是位于长安城东南方向的乐游原，更是因李商隐的《乐游原》一诗而出名，人们来来往往，竞相攀高之处。李商隐在《乐游原》诗中写道：

向晚意不适，驱车登古原。
夕阳无限好，只是近黄昏。

每逢重阳节，唐代长安人携酒扶杖，联袂出城，登大雁塔眺远，吟诗弄墨。如诗人岑参登大雁塔后就写了一首诗说道：

塔势如涌出，孤高耸天宫。
登临出世界，磴道盘虚空。
突兀压神州，峥嵘如鬼工。
四角碍白日，七层摩苍穹。
下窥指高鸟，俯听闻惊风。

在陕西，重阳节人们一般喝茱萸酒或菊花酒，炒菜待客。主食吃膮子面、花糕馍。有的讲究的人家还做好多菜，摆宴席，隆重过节。

陕西南部的佛坪一带，每逢重阳有食糍粑的习俗，或用新收玉米磨成糯糊，放进核桃仁蒸成玉米浆巴馍，调蜂蜜食之。

咸阳长武一带，重阳节有蒸枣糕、包粽子馈赠亲友的习俗。

在陕北吴堡、横山一带在重阳节时，农家多食"枣糕"，又叫"自糕"，以软米、红枣制作，不用油炸。

在民间，每年农历九月初九天刚亮，父母会以片糕搭儿女头额，口中念念有词，祝愿子女百事俱高，也有把各地在重阳节吃的松软糕类都称为重阳糕，而重阳糕不仅供自家食用，还馈送亲朋好友，称"送糕"，或者请出嫁女儿回家食糕，称"迎宁"。

在陕西岐山、凤翔一带，重阳节吃长寿面是个老习俗。

宝鸡人虽天天吃面，但这一天的面要格外讲究些，面要揉得光，面条要切得细且长，浇上热汤，首先端一碗给家中的老人和长者。

老人们"哧溜"一碗细细长长的面条，似乎就从心理上满足了自

西安大雁塔

长寿面

己长长久久的长寿意愿。

端碗长寿面只是晚辈祈愿长辈长寿最平实的一种表达方式，西府人表达"孝"的方式也像一碗面一样朴实。

在西府地区很少树立像"二十四孝"之类的典型，因为，西府人认为尊重老人、孝敬双亲是普遍现象，是一个人基本的品格，当人人都是典型的时候，就不需要树立典型了。

要是谁家年轻人不孝敬老人、虐待老人会被亲友耻笑和斥责，大家在交往中也会对不孝者避而远之，而特别孝顺的年轻人就会受到尊敬和赞赏，可见，西府人把"孝道"视为评定一个人品格的重要元素。也是我国的传统。

重阳庙会时，人们首先要做的，就是给家里的老人、长辈采买过冬的衣物。也要买一些蜜酒、山茱萸酒等，还会带回敬谢神灵、驱魔辟邪的祭祀器物。

在农历九月初九，人们身上要挂一包茱萸叶，出去采菊花。家家户户要制作九层重阳花糕，上插两只面羊，取谐音"阳"之意，或插刚刚采回来的茱萸或菊花。在吃饭的时候每家都要为老人炸油糕，取"尤高"之意。

在晋南的皇城村更是要连唱5天大戏，而戏的内容均为敬老、尊老之内容，如"杀狗劝妻"等，极具地方特色。

此外，当地还有此日占冬雪之俗，对村民来讲，此日喜雨忌晴，据说此日有雨，冬必多雪，有谚语：

重阳不下看十三，十三不下一冬干。

山西晋南地区自古就有农历九月初九登高的传统习惯。到了重阳节，饱览大好河山，观仰名胜古迹，成为节日的盛举。一直在民间传诵着"乾坤开胜概，我辈合登高""东风留不住，冉冉起峰头""九月欣新霁，三农庆有秋"等名句。

晋北地区则登高习俗淡薄，农历九月初九，年轻人常常去打兔子或山鸡，属于古代北方少数民族骑马练射的遗风。

也有逢节相邀结伴，携带佳肴，欣然出游。登高

■ 孝敬老人塑像

九九踏秋

重阳节俗与登高赏菊

■ 重阳节登高

稷王山 位于我国山西省南部万荣、闻喜、稷山、盐湖四县交界处，属中条山一脉，稷王山麓太赵村有稷王庙，相传上古时后稷始教民稼穑于此，因名稷神山，俗称稷王山。山上的稷王庙的献殿东西长20米，南北宽19米，前后柱额枋上雕刻有农事图，反映了古代农业生产从耕耘播种到收割碾打的全过程。

环视，天高气爽，云淡山清，枝头硕果，田园禾熟，往往陶醉忘返。

万荣县传统在稷王山举行庙会。赶会的人，都以登高为乐事。

山西还有重阳节尊师的习俗。到了农历九月初九，各村由学董牵头，组织村民杀一只羊做饭菜，盛情招待先生。同时商讨本村下一年的教书事宜，或继续留聘，或另请高明。

乡宁县这天学校一般要放假，由教师带领学生进行登山活动。家长们往往要乘兴观看，一块攀缘。都以登高作为一件乐事。

赏菊也是重阳节的一项传统活动。金秋时节，正是菊花盛开的季节。古人在赏菊之时，还习惯痛饮菊花酒。后来，不少人仍喜欢在这天饮菊花酒。多数是在酒中泡点干菊花。晋北一些地方，饮酒喜在门外，称为辞青，意喻告别秋天。

城市在农历九月初九前后，习惯举办菊花展览，万人空巷，齐睹胜景。山西民间却习惯采一朵野菊花，插在头顶或戴在胸前。

在饮食上，山西农历九月初九吃枣糕，取意早日升高。晋东南地区及五台县等地，习惯吃寿面。晋南地区有"九月九，家家有"的民谚，意思是说这一天家家户户都要改善生活。

阅读链接

每年农历九月初九重阳这一天，山西阳城的皇城村与头南村、润城镇的上伏村仍保留着两镇三村同时举行"九九重阳庙会"的习俗。

在重阳节时，各家各户要向老人敬酒祝拜、看望问候、尽孝献爱。尤其是皇城村，自古就有九月九过重阳的传统习俗，至明、清两代，九九重阳祭祖敬老、登高望远、赏菊饮酒、吟诗唱词，蔚然成风。

重阳节当天的中午饭也很讲究，一桌饭菜荤素相间，软硬俱佳，几盘几碟均有规矩，其中糯米柿饼、红豆甜饭是必不可少的。

儿女专门为老人炸油角，馅分素荤两种。角内包括各种菜，为咸味，取"啥都有"之意。角内包各种豆类如红豆、小豆等，煮熟后与柿子、柿饼或枣和成泥状，为甜味，也取"啥都有"之意。

出嫁的女儿要给母亲、父亲送油角、油炸糕，还要给父亲送一双棉鞋、一双布袜，给母亲送一条香帕或做个卧兔。并定下九月初七一直至十一共5天内各家为老人应做的饭食菜谱。

办庙会喜迎山神和酿酒还愿

安徽铜陵县以九九重阳为龙烛会，以迎山神。削竹马为戏，据说可以驱逐瘟疫。

安徽重阳吃柿子的习俗，还有一个传说。

有一年重阳节，明太祖朱元璋微服私访至剩柴村时，只见家家墙倒树凋，均为兵火所烧，不免暗自悲叹。他举目四望，看见在东北角

庙会唱戏

有一柿子树，树上的柿子正当成熟，于是，他摘食了十几个，就感觉腹中不那么饥饿了。

后来，朱元璋率兵攻打采石矶时路经剩柴村，发现那棵柿子树还在，他就把以前微服私访时在这里吃柿子的事

■ 朱元璋塑像

告诉了侍臣，并下旨把柿子封为"凌霜侯"，让天下人在重阳节这天都吃柿子，以示纪念。

在安徽休宁的榆村，还保留了原汁原味的徽派重阳习俗。这里的人们有赶重阳庙会的惯例。与榆村毗邻的临溪古镇，每年都要从榆村黄坑古庙借去周王老爷而举行周王庙会，用来祭祀晋代英烈侯周处。

会期前后有3天，重阳节为正日，除了做佛门法事之外，还要搭台唱上三日三夜酬神戏；届时，方圆数十里的群众云集临溪，那条长有3里的老街被挤得水泄不通。榆村至临溪的15里路上，终日行人、车马络绎不绝，此俗几百年来一直沿袭，盛况不减当年。

在古徽州，重阳庙会要连办3天，农历九月初九为正日，聚会地点在德胜岩和曹村。这天，四乡八镇的善男信女成群结队赶来朝拜周王菩萨，并带来各种农副产品和手工业产品进行交易。庙会期间，搭台唱

朱元璋（1328—1398），明朝开国皇帝。1380年，朱元璋诛杀丞相胡惟庸，废丞相，设承宣布政使司、提刑按察使司、都指挥使司三司分掌权力，进一步地加强了中央集权。1398年，朱元璋病逝于应天，享年71岁，庙号太祖，谥号开天行道肇纪立极大圣至神仁文义武俊德成功高皇帝。葬南京明孝陵。

戏，从日落唱到日出，通宵达旦，煞是热闹，有斗牛、迎案、斗台演戏、上庙拜佛等活动。

有时重阳庙会上还会有斗牛表演。在斗牛山下有专门斗牛田，富翁专养强北黄牛。饲养讲究，平时吃米粥饭、经常喂酒，临斗前甚至喂人参。

斗前约好拼对，斗时披红挂彩背跨旗牌，头插雉尾，头戴盔，双角磨尖。四人牵牛耀武扬威地进场参斗，斗牛在水田中，四周高地站满观众，两牛下田奋力角斗，牛主双方，呐喊助威，输逃赢追。

庙会上的戏一演就是三天四夜，每过10年为大年，有十几个村子的演戏班子同时演戏，这叫斗台戏，各班子拿出最好"行头""剧本"，各自都想斗几他方者，而名声大振。

农历九月初八是重阳庙会最热闹一天，当时"三都""元都"各村轮流"迎案"到德胜岩、曹村，迎案队伍前面有旗牌开道，锣鼓随行，接着有踩高跷、打滚叉、舞藤牌、叠罗汉等民间艺术活动。

在安徽凤阳，农历九月初九，有"登高避灾"之说。旧时，文人学士等在此日备酒登高遣兴，意谓"避灾"。在农村，秋收完毕，牛驴可以散放，谚语云："九月重阳、散放牛羊"。

九九踏秋

重阳节俗与登高赏菊

庙会搭台唱戏

天长的重阳节也颇有特色。到农历九月初九时，面饼店以米粉蒸方糕和捏成的小羊，并制彩色的三角旗子、名"重阳旗"。出售时，羊、旗、糕全套，供不应求。次日农民将旗插在田头、菜园，以驱逐鸟雀。

每年的重阳节，湖北武汉旧有出游登高、观赏菊花、佩戴茱萸、吃重阳糕、饮菊花酒等过重阳节的习俗。

金秋九月，三五亲友登山，缓步徐行，自有一种悠然的自在，而竞技登山比速度，也多了份特别的乐趣。旧时有武汉老人"黄鹤楼登高比脚劲"的故事。

■ 菊花图

首先，参赛者必须年过花甲，年轻人是不能参赛的。然后，所有人要按时到武昌长春观集合，人到齐后同时步行到蛇山西头的黄鹤楼，不准用拐杖。到了黄鹤楼，登楼时不能扶着楼梯扶手，哪个捷足先登上楼，就算哪个赢。

虽然那时的黄鹤楼，只有三层，整个高度27米，除去紫铜楼顶，要攀登的楼梯不到24米。但是，路不好走，再加上老人们都有想赢怕输的思想，匆匆赶到黄鹤楼前，也蛮累了，再要爬上楼去，确实要很好的身体素质，还有耐力和速度。为了这个比赛，有些老人干脆在比赛早几天就不出门，在家里"养脚力"。

花甲 指60岁。花甲一词出自我国古代历法，以60年为一循环，一循环称为一甲子，又因干支名号繁多且相互交错，又称花甲。花甲也指年月、又一种说法是，人的指甲根部有一道白色的痕迹，到了六十岁，随着身体的愈加衰老，这道白痕就会消失不见，故而称作"花甲"。

奔到蛇山头，再上黄鹤楼，

脚劲有有有，就在这里赌。

赢了恭喜你，输了也不丑。

这首顺口溜，寥寥数句，将当年比赛的情景生动形象地描述出来。这样的比赛，一是沿袭了重阳登高的习俗，二是趁此机会和老朋友们聚一聚，借登山检验一下自己的健康状况。

何当载酒来，共醉重阳节。

老武汉人过重阳节，都讲究饮菊花酒。重阳节前后撷新鲜菊花酿酒饮用，可散热祛风、降火解毒，菊花酒不仅是治头风消病的健身药酒，也被看作祛灾祈福的吉祥酒、长寿酒。

武昌县于重阳日酿酒，据说这里所酿的酒最为清冽，且久藏不坏。应城县重阳节是还愿的日子，每家都在这天祭拜方社田祖之神。

阅读链接

在湖北荆州，民间还有重阳节吃九黄饼的风俗。

相传东汉年间，重阳节达官贵人扶老携幼出游荆州龙山，正是天高气爽、风霜高洁之时，热饭热菜既不好带，又容易冷，为方便游人登山食用，荆州民间糕点师傅便制作了九黄饼。其名谓九黄饼，乃取九月重阳，登高赏金黄菊花之意也。

这种饼子，面如黄菊颜色且酥脆，馅子系用冬瓜条、桂花、冰糖、白糖拌和而成，吃起来香甜可口，颇受游人称赞，这种饼后来成为一种应时节令食品，荆州民间一直都很偏爱重阳节吃九黄饼。

两广的吃九皇斋和添粮补寿

　　广东自古就有重阳节登山的习俗。广州人登白云山、越秀山，惠州人登飞鹅山，潮州人登韩山，新会人登圭峰山，阳江人登北山，东莞人登黄旗山，已成为一项大众性游乐活动。

　　除了在重阳节登高外，广东人还增添了扫墓、放风筝、菊展等活动。重阳秋高气爽，北风轻吹，正是纸鹞放飞的最佳时节，放风筝便成了广州民间最兴盛的赛事。

　　风筝在广东被称为纸鹞，重阳节这天，人们用竹片、薄纸糊成各种动物形状的风筝，系上细线乘风升上高空，随风飘荡。风筝的图案丰富，还可扎上弓扎，

■长龙风筝

迎风喧鸣。

其中，阳江风筝最为有名。阳江与山东潍坊并称风筝之乡。阳江背山面海，田野辽阔，到处都是天然的放飞场。阳江风筝历史悠久，造型美观，技术精巧，形神兼备，栩栩如生。

每逢九九重阳，男女老少携酒带肴，云集于城郊的山上，支起帐篷，放飞各式各样的风筝，场面非常壮观。

潮州也有重阳节放风筝的习俗。潮州民谚说：

九月九，风禽仔，四散走。

潮州地处南方，湿气比较重，但是到了九月空气干燥，天气晴朗，天高云淡，阳光和煦，秋风送爽，这样的天气非常适合放风筝。

在潮州，人们还因为风筝外形似鸟儿，所以又叫做"风禽"，也叫"纸鸢"。鸢是一种大鸟，样子像老鹰，飞起来就更像老鹰一样了，纸鸢，其实就是用纸糊起来的大鸟。

莲花风筝图

在广东韩江，每到农历九月，很多城里人来到韩江凤凰台沙滩上放风筝。风筝的式样很多，有一米见方的大蝴蝶、大八卦、大鲤鱼，有四五米长的大蜈蚣等，满天风筝争高斗艳。此俗促进了当时潮州周炳记、林盛记等多家纸扎店的风筝技艺提高。

在农村，很多孩子也在

这个时节放风筝玩乐。风筝有小有大，小的只有30多厘米，大的有1米多，其中以最简单的30多厘米而没尾巴的风筝尤多。

因为这种风筝没尾巴，既灵活，阻力也不大，制作又简单，是青少年放风筝的最普遍玩品。而较大较长的风筝阻力很大，绳子要粗，一手难抓紧，要靠大架拉住。

放风筝也有许多讲究。一般来说以放得高为有趣，有的风筝还能在空中翻跟头，或先让风筝俯冲下来，快接近地面时又高高拉升。

在工艺选材上也要精挑细选，如要使自己的风筝不被他人的风筝绞断，不仅要选用坚韧的苎线，还要给风筝做尾巴，后面还系上薄竹片，使其受风时呼呼作响。

广东的某些地区在重阳节有扫墓的习俗。由于某种原因未能在清明扫墓的，就在重阳节前后进行。这时草木开始凋零，清霜繁露，寒蝉无语，更加催发人们对先人的怀念之情，故岭南一带的扫墓风气往往比清明时节更浓。

重阳结缘是潮州一个风俗。

结缘一说缘自于佛教，说的是与佛、菩萨结缘，将来能够得到"超度"的因缘。

重阳节时潮州人之间也会相互赠送"芝麻丸"来结缘。芝麻丸是用糯米、糖、花生等做成的一种甜品。

这里面有非常深厚的寓意：丸的音与缘是同音字，代表缘分；芝

■ 芝麻团

三牲 从最早的含义开始，就是指3个不同的活牲畜，并没有特指具体为"哪三个"。古代的牲畜都有应用等级，两两不同，所以，也可以理解为组合祭祀、大型组合宴会中的"三个不同等级使用的牲畜"，三牲就意味着为"三个等级"或者"泛指多个等级"的组合准备"多种活的牲畜"。

麻是开花节节高，表示缘分会不断加深和发展，糯米有黏性，有强度，表示缘分亲密无间。花生的果实是结在根部，有根有果，表示缘分能够结出果实；糖是甜的，表示美满幸福，甜甜美美。所以，芝麻丸由这几样做成的，寓意深远。

农历九月初九，潮州民间又称之为"天公生"，因而这一天民间祭拜成风，在城里也有设置神坛供人们祭祀，祭品中除了平时的果品、三牲之外，芝麻丸一定不能少。

祭祀完毕，把芝麻丸赠送给亲朋好友或邻里乡亲，表示加深情谊和缘分。但是，如果家里有白事的人家，则不能把芝麻丸赠给别人。

赠送芝麻丸，还有传递团结、结缘的愿望。比如说，想要传递结婚的姻缘，如果是男方看中的，但是又不清楚女方是否有意，那么就在农历九月初九这一天，把芝麻丸送给女方家，这就是向女方发出男方想与女方结婚的一种信号。

如果女方回赠芝麻丸，就说明女方同意提亲的意向，这时，男方就可以请媒人、亲戚到女方家提亲谈条件。

有了婚约或者新婚的亲家，女方这家必须向男方送芝麻丸和果品，然后男方把这些芝麻丸和果品送给亲戚、邻居。

潮州人经常说，远亲不如近邻，有缘才来做邻里，所以非常重视邻里关系。如果邻里之间碰到一些小矛盾，也经常会在农历九月初九这一天，互赠芝麻丸，表示摒弃前嫌，重修旧好。

旧时，潮剧班每年九月初一至初九晚上，各班全体人员吃素，俗称食九皇斋。在这九天里，潮州的梨园公所里供设祭坛，祭拜九皇菩萨和斗姥天尊。

祭祀仪式很奇特，要用一斗米插上一根木柱，木

潮剧 又名潮州戏、潮音戏、潮调、潮州白字、潮曲，主要流行于潮汕地区，是用潮州话演唱的一个古老的地方戏曲剧种。为我国十大剧种之一，有"南国奇葩"的美誉，以优美动听的唱腔音乐及独特的表演形式，融合成极富地方特色的戏曲而闻名。

■ 芝麻丸

九九踏秋

重阳节俗与登高赏菊

■ 广东潮剧剧照

吕洞宾 原名吕
喦，字洞宾，道
号纯阳子，是著
名的道教仙人，
八仙之一，道
教全真派北五祖
之一，全真道祖
师，钟、吕内丹
派、三教合流思想
代表人物。唐宋
以来，他与铁拐
李、汉钟离、蓝采
和、张果老、何仙
姑、韩湘子、曹国
舅并称"八洞神
仙"。在民间信仰
中，他是八仙中
最著名、民间传
说最多一位。

柱上面置9个小环，每个小环吊上一盏豆油灯，在此期间日夜点燃，并焚香、供花果、表演潮剧。祭祀时班众要严格食斋，食具要全部新置，有的童伶还要散发穿素。

在连州保安镇，每年重阳节有迎大神会的习俗。大神会的来由也有一个传说。

在唐朝时，保安镇有个人名叫黄保义，家境贫寒，但他为人正直，助人为乐，深受民众爱戴。

传说有一天，皇上的龙床突然倒塌，遍寻宫中能工巧匠也无法复原。吕洞宾托梦给皇上，要修龙床"非连州保安黄保义莫属。"于是，皇上就派人传黄保义入宫，龙床一扶即正，自此江山稳固。

皇上问黄保义是什么原因，黄保义说："朝廷正不压邪也。"

皇上悟其理，于是立即罢黜奸佞，召回忠良

贤臣，经过数年的扶正压邪，朝廷上下焕然一新。此时，正值重阳佳节，万民欢庆，国泰民安，皇上感黄保义之功，封其高官，赐其厚禄。

但黄保义一再推辞，只求皇上恩准两个请求：一是回乡后能模仿京城重阳盛会，每年举办一次；二是赐家乡建造一座"皇城"，造福民众。

皇上准奏，黄保义回乡后模仿京城的重阳大神盛会并施工建造皇城，这就是保安重阳大神盛会的由来。

后来，每到重阳节时，保安的人们家家户户贴门对，村村寨寨结彩门。彩旗招展，锣鼓喧天，鞭炮齐鸣，一片喜庆气氛。

赛神盛会最引人注目的是"抬大神""踩八卦""摇高神""扮装故事"等节目。

大神由人戴面具扮演，酷似古时帝王，穿龙袍，坐龙椅，坐八抬大轿，前有戴青面獠牙面具的判官和侍者及鼓乐开路，后有罗伞，仪仗护卫，随后还有高神、舞龙、舞狮及扮"杨宗保、穆桂英""白素贞、小青"等故事人物随行。

大神会是发源于中原，兴盛于唐宋，是重阳节历史文化的一个缩

■ 皇城

■ 舞狮表演

影。俗语说"九月九，大撒手"，表现了人对自然界生灵的尊重，也算是给耕作牲畜一个自由的机会。隆安县农历九月初九放任牛羊自行觅食。

梅县的客家人将重阳节叫"九月节"，或"兜尾节"，认为它是一年中最后一个重要节日。乡间一般炸各种糕点，杀鸡鸭。县城则比较简单，加加餐而已。登高、饮菊花酒，也是客家人的传统习俗。

珠玑乡民有登高的习俗，寄予步步高升之意。旧时，富裕人家的儿童满3岁时，大人就要在重阳节进行"暖花"活动，祈祷王母娘娘保佑，是谓"进花园"。到了年满16岁，再到王母娘娘神位前酬谢，是谓"出花园"。

恩平同样有重阳节登高的习俗。在重阳节前一天的傍晚，人们成群结伴，踏着曲径山路，步行上鳌峰山。到了半夜，在平整的山坡上席地而坐，在淡淡的月光下唱歌跳舞，弹琴嬉笑，品尝生果点心，通宵达旦。

在初九的拂晓，更是无分老幼，趁着秋高气爽，竞放纸鸢。一直到夕阳西下，人们才余兴未尽地踏上归途。

榕城的乡民则多登临黄岐山、紫陌山。此外，也有些地方有重阳节食鱼粥，或食杂烩粥的习俗。

广东还有重阳节对歌、办王母会、赶山猫的习俗。每逢佳节，广东连州的童男童女皆至城外相聚答歌，引无数人围观。

南雄府则会在农历九月初九请茅山道士建王母会，想求取子嗣的青年妇女都会前来参加；临高县民重阳节早起，大家齐声高喊"赶山猫"，以此为安和富利之吉兆。怀集县则以重阳为元帝得道之日，男女老少，倾城而出，赛神酬愿，皆用大炮。

在农历九月初九重阳节这天，毛南族各家把收获到家的形状各异，橘黄色的大南瓜摆满楼板，逐一挑选。年轻人走门串户，到各家评选"南瓜王"。不仅要看外观，而且要透过表面看到瓜籽。

待到众人意见基本一致，由一身强力壮者用砍刀劈开"南瓜王"，主人掏出瓜瓢，把饱满的籽留作来年的种子。然后把瓜切成块，放进小米粥锅里。文火煨炖，煮得烂熟，先盛一碗供在香火堂前敬奉南瓜王，尔后众人共餐同享。

对于年过花甲而又体弱多病的老人，毛南人一般要在重阳节

■ 王母娘娘神位

词 一种诗的别体，是唐代兴起的一种新的文学样式。直至宋代，经过长期不断地发展，进入到词的全盛时期。词最初称为"曲词"或者"曲子词"，是配合宴乐乐曲而填写的歌诗，词牌是词的调子的名称，不同的词牌在总句数、句数、每句的字数、平仄上都有规定。

■ 祭祀祈福剧照

时为之"添粮补寿"。子女们在这天在家中置办几桌酒席，请亲朋好友光临。

来客都要带几斤细粮好米，或者新鲜的水果。亲友送来的"百家米"要单独贮存。日后在给老人做饭时，抓一些掺进自家米中。

百家米吃完了，老人若未康复，还得继续择日搞添粮补寿仪式。这种风俗是出于对老人的一片爱心，符合传统的道德观念，很得民心。

在桂林，每逢重阳节有钱人家就带起食品、供果，全家人上山进庙敬香摆菊花宴去。普通老百姓也会登高望远，演绎成一种户外活动，春秋佳日，风和日丽，出去放风筝，荡秋千耍，在城里头，还要举办菊花展，喝菊花茶，赋诗、猜谜语。

古人登高，还要在山上刻诗留念，比如桂林状元龙启瑞的老师吕璜重阳登独秀峰，在山上刻诗：

寿桃糕点

山自众中推独秀；
客从秋后展重阳。

古人写桂林山水，多是诗文，很少写词。宋朝方信孺重阳登上七星岩顶，就用《西江月》写桂林的水和一块玻璃一样，别具特色。

在重阳节当天，桂林人早晨要吃松糕、喝菊花茶；夜饭要吃白果炖老鸭。白果树是公孙树，象征长寿。吃松糕意在松柏常青，所以松糕上还要插柏树叶呢。

桂林的老人家做寿也吃松糕，寿堂上要点两根大蜡烛，照得满堂生辉，人死如灯灭才去吹蜡烛，所以桂林的老人家做寿，你千万莫喊他吹蜡烛，晦气！

老人做寿，除了吃寿面，还要来碗冬瓜排骨汤"福如东海，"一碗红烧南瓜"寿比南山"，再来一盘青菜"万年常青"。

60岁以上的老人家，还要送一根拐棍给他。传统习俗的拐棍，要高过人身，也就是肩膀以上，杖头还要弯弯曲曲。如果拐棍又短又直，视为不吉利。

帮父亲做完了寿，还要包场去看桂戏，或者请文武玩子来屋里唱，唱的是专场《满床笏》，讲的是唐朝大将郭子仪，有7个仔8个女婿，个个在朝廷做官，回来给郭子仪拜寿，朝笏堆满一床，朝笏就是做官上朝手里拿的记事板。

如果是帮娘做寿，就唱《五女拜寿》，皆大欢喜。佛教讲"佛为人中狮子"，所以和尚在重阳节做的法会就喊"狮子会"。

唱戏花台

　　值得一提的是，重阳节里桂林人要吃白果炖老鸭。桂林在每个传统节日都要吃一种鸭子，可见鸭子在桂林美食中的地位。

　　桂林的重阳宴讲究的就是一个"花"字。重阳宴除了白果炖老鸭，花果、花果，果也算花了，还要来一碗五花扣肉。另外还有黄花菜细粉三鲜汤，花生炖猪蹄，芥蓝花炒瘦肉片，腰花炒荷兰豆、韭菜花炒蚂拐，花菇黄焖鸡。

阅读链接

　　潮剧班在每年农历九月初一至初九晚上九皇斋的九天九夜里，九皇斋的信徒都改吃素食，停止一切娱乐活动，并在附近主要的佛寺内举行各种庆祝仪式。

　　街上摆满各种斋物贡品和食品，上面插着一根黄旗，或贴满写有"清斋"字样的黄纸幅，供善信脱下艳丽的服装，穿上洁净的白衣白裤，诚心斋沐，到佛庙进香，礼拜九皇礼佛，以祈求合家吉祥平安，诸事顺利。

　　庆祝仪式到最后一夜达到高潮，仪式从午夜开始，一直通宵达旦。

有趣的重阳吃糍粑和祭水

每年重阳节，重庆开县的男男女女会走出家门，云集盛山，登高以庆。

1000多年以前，居于开县的巴人已有重阳登高的记载。巴人最早

■ 古人登高图

■ 金银花

居于山地，后移至平地，但其先祖均葬于山上，因而每逢重阳必登高祭祖。

后来，也有巴人为避战乱而登山，临高而瞰下，又相对安全，也是形成登高习俗的一个原因。

直至唐代，凤凰山被改称盛山，其中盛山十二景、名刹大觉寺、修竹、茂林、梅影、浣流、桥亭楼台，是当地人闲时必去之地。

特别是唐朝宰相韦处厚到开州后，喜与高僧交游，每逢重阳，登盛山，把酒对歌，吟诗题赋，成为流传一时的佳话。

在韦处厚荣升进京时，开县人倾城相送，登高远送，以至农历九月初九这天登高，成了开县人一种特殊的纪念节日。

吃糍粑是我国西南地区重阳佳节的又一食俗。糍粑分为软甜、硬咸两种。其做法是将洗净的糯米下入开水锅里，一沸即捞，上笼蒸熟，再放臼里捣烂，揉搓成团即可。

食用时，将芝麻炒熟，捣成细末，把糍粑团搓成条，揪成小块，拌上芝麻、白糖等。其味香甜适口，称为软糍粑。

硬糍粑又称油糍粑，做法是糯米蒸熟后不捣烂，放在案上搓成团，擀开后放些食盐和花椒粉做成馅，再卷条切片，入油锅中炸制，成色金黄，咸麻香脆，回味无穷。

四川民间还有重阳节以糯米蒸酒、制醪糟的习俗，正所谓"重阳蒸酒，香甜可口"。

每年重阳节，在滇西的一些乡村，老人们都会相约到一块，制作金银花茶。金银花茶被放到了重阳节的餐桌上，成为招待客人的上品茶饮。

早在2000多年以前，《神农本草》就把金银花列为上品，并有"久服轻身"的明确记载。《名医别录》则记述了金银花具有治疗"暑热身肿"之功效。李时珍在《本草纲目》中对金银花久服可轻身长寿作了明确定论。

后来直至清朝，《御香缥缈录》一书中就记载了皇太后慈禧用金银花洗面保养肌肤、养颜美容、返老还童的故事。

金银花除了具有无可比拟、十分广泛的药用价值以外，金银花的保健养生，美容养颜功效也已被许多现代女性的大量饮用效果所证实。

醪糟 也叫酒酿、酒娘、酒糟、米酒、甜酒、糯米酒、江米酒、伏汁酒，是由糯米或者大米经过酵母发酵而制成的一种风味食品，热量高。夏天可以解暑。主要原料是糯米，酿制工艺简单，口味香甜醇美，乙醇含量极少，因此深受人们喜爱。在一些菜肴的制作上，糯米酒还常被作为重要的调味料。

161

■ 糍粑

■ 祭水

土家族 是我国的少数民族之一，主要居住在云贵高原东端余脉的大娄山、武陵山及大巴山方圆10万余平方千米区域，分布于湘、鄂、黔、渝毗连的武陵山区。汉族人大量迁入后，"土家"作为族称开始出现。土家族人自称为"毕兹卡"，意思是"本地人"。

用金银花制作的金银花茶，宋人范仲淹《斗茶歌》说"茶味兮轻醍醐""茶香兮薄兰芷"。

金银花茶也有其独有的茶文化，综合欣赏金银花茶特有的茶味、香韵，谓之"口品"。民间有"一口为喝，三口为品"之说，细细品啜，才能出味。

在贵州，黔东北的土家族较为重视，须打糯米粑粑，推豆腐，祭"家虎"，有"重阳不打粑，老虎要咬妈；重阳不推豆腐，老虎要咬屁股"之说。

在贵州仁怀市的茅台镇，有逢重阳节在赤水河畔举行"祭水"仪式的习俗，表达酒乡人民对赤水河及祖先的感恩和敬仰。

民间流传的民谚说道：

重阳下沙芳满缸，重阳酿酒香满江。

寓意重阳节是最适宜取水下沙酿酒的好时机，九九重阳，阳气旺盛才酿得出好酒。每当烤初酒时，老板在贴"杜康先师之神位"的地方点香烛，摆供品祈祷酿酒顺利，这天也就成了仁怀市祭水的日子。

"祭水"仪式以茅台民风民俗为基本格调，继承了古老的祭祀文化，数千群众聚集在赤水河畔，以鲜花雅乐之仪，表达对自然、对祖先的感恩和敬仰，同时展示酒乡人民丰衣足食，幸福美满的情景。

布置在宋家沱河岸的主祭台宽16.9米，高3层，每层高1.69米。第三层中间置半人高的大香炉一个，两边各放大酒坛一个，顶部配以大幅幕屏。整个祭台背景采用黄色和深酱色为主色调。两边各插的九面杏黄旗迎风招展。使整个祭台场面显得庄重肃穆而热烈。

重阳节当天下午，游行队伍和彩龙到场列队完毕，两名童男童女站在开路龙船的前甲板上，每人手提一个取水陶壶。在距宋家沱主祭台90米处的河心取水。

取到的"圣水"倒入祭台第三层大酒坛后，祭台下鸣金九响，鸣炮九响，庄严肃穆的祭水仪式便开始了。主祭人宣读祭文时，全场神情凝重，面对苍茫，静听祷语。

赤水河是长江上游支流，发源于云南镇雄县，全长500多千米，主

■ 祭坛

干流由南向北流经贵州毕节、金沙、仁怀、习水等县市。因流域内酿造业发达，孕育了茅台等名酒，而有"美酒河"之称。在仁怀，人们把赤水河流经仁怀段的100多千米亲切地称为"茅台河"。

在贵州的玉屏侗族自治县，侗家人过重阳节时，还有用米粑粑"塞岩缝"和吃"鸭子炖板栗"的习俗。重阳时，侗家人要用当年收获的新米来舂粑过节。米粑粑做好后，在食前，家中老人要用米粑粑将自家房前屋后的石窿岩缝堵塞住，叫"塞岩缝"。

相传，重九期间，蛇虫等已入石洞岩缝蛰伏，善良的侗家人认为蛇虫动物都是生灵，将洞口缝隙用米粑堵之，一来是使其有吃的不至于饿死，二来也是防其复出伤人。

"鸭子炖板栗"，就是用当地特产的大板栗，与鸭子一起炖、焖、烧等，这是侗家人过重阳节时不可少的一道菜，并且"鸭子炖板栗"还是一道很好的季节性药膳。因为板栗以其养胃健脾、补肾强筋、活血止血的功效，被称为"肾之果"，深秋时节吃鸭子炖板栗，有健脾开胃、补虚养身的作用。

阅读链接

糍粑是流行于我国南方地区的一种小吃，特别是在贵州、四川、湖南、福建、湖北、陕西等地都有，又以武夷山最为盛行。

安徽南部也有，主要是在重阳节的时候，作为节日食品供客人品尝。糍粑是以糯米、土豆为主料，清浸泡后搁蒸笼里蒸熟，再迅速放在石臼里舂至绵软柔韧，趁热将饭泥制作成可大可小的团状，搁芝麻炒香磨粉拌白砂糖的盘里滚动，即可取食，口感香甜。

大凡有喜事或者是重要节日时，当地人都要做红糖拌糍粑招待客人，以表吉利。